日本で働き、生活する人のための初級日本語テキスト

アクセス日本語

藤田百子 著　山田智久 監修

アルク

本書をお使いくださる皆さんへ

本書は、日本で働き生活する外国人が自然な日本語を身に付けるための基礎作りを目的として作成された教科書です。もとは日本での就労を目指す海外在住の学習者向けにメイン教材とe-learningが制作されましたが、今回日本国内での需要に合わせてメインテキストに加筆・修正を行い、刊行するものです。

日本で暮らしていれば、ある程度の日本語は聞き取れるようになるかもしれませんが、場面や環境に合わせた言葉遣いは外国人にとって難しく、その場にふさわしくない日本語を使ってしまったために誤解を受けることもあります。

だからといって、仕事や毎日の生活で忙しい学習者が文型積み上げ方式で一から始めるというのも多くの時間を要し、効率が悪いばかりでなく、学習者の「日本語で話したい」という気持ちに水を差してしまうことにもなりかねません。

そこで、本書では、コミュニケーションに役立つ基本的な文型・表現を取り上げ、学習項目を限定し、繰り返し練習することで短期間でコミュニケーションが取れるようになることを目指しています。学習項目については、CEFR（ヨーロッパ言語共通参照枠）を参考として、使用頻度が高いであろう文型を選びました。

聞く・書く・話すなどの練習を何度も繰り返すことで、学習者は日本語の「型」を身に付け、それを頼りに日常生活でのやり取りが行えるようになります。その結果、「日本語が通じる！」という実感を持ってもらうというのが本書の狙いです。そして、本書での学びを通じて、自律的学習や日本社会に適応していく能力の素地が育成されることを目指しています。

本書の主な特長は次の二つです。

1）生活者として日本語を学ぶ学習者に適した練習構成

日本で生活する学習者は、日々日本語に触れる機会に恵まれています。しかし、その日本語を「体系的に学習する言語」として意識することは少ないのではないでしょうか。そこで、本書では、日本語の基本的な構造が意識できるようなリスニングの例文と練習問題を多く設定してあります。本書で日本語の基本的な構造を学びながら、生活の中の日本語を「意識的に」聞けるようになることを目指します。

2）やり取りを中心とした練習

本書では、生活の中で頻繁に使用される「あのう」、「そうですか」、などといった会話表現や、「ね、よ、か」などの終助詞などを会話文や練習問題にも積極的に取り入れています。また、録音された音声も実際のやり取りに近い、自然なイントネーションになっています。できる限り自然な会話例を練習することで、「印象の良い日本語のやり取りができる学習者」の育成を目指します。

語学の上達に近道はありません。どれだけテクノロジーが進化しても最後は本人の努力に依るところが大きいのは今後も変わらないはずです。他方、わからないことをスマートフォンやパソコンで調べたり、オンラインで日本人と話したり、学習過程をデジタルポートフォリオとして可視化したりといったICT化の流れは確実に今までの語学学習の形態を変えていきます。その流れの中で教師もまた、変化に対応していくことを余儀なくされます。

学習者の数だけ学習方法があります。本書も様々なアイディアで自由に利用していただき、学習者とともに教師も新しい取り組みに挑戦してほしい、そして学習者が地域社会に溶け込めるよう見守り、自信を持って送り出してほしいと強く願っています。

山田智久　藤田百子

本書の構成と使い方

本書は１課から15課まであります。各課の構成は以下のようになっています。

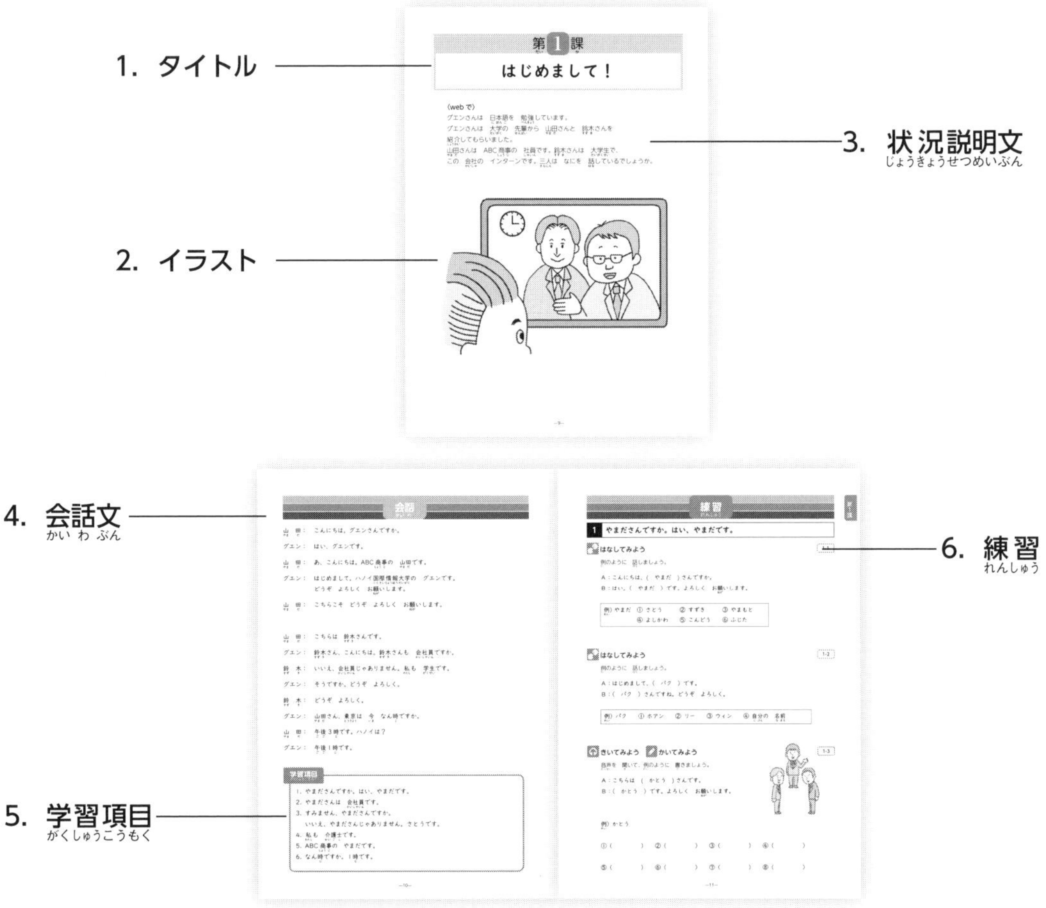

1. タイトル

各課のタイトルです。

2. イラスト

「会話」の内容を表したイラストです。登場人物が話している内容について考えてみましょう。

3. 状況説明文

イラストの状況を説明した文です。

4. 会話文

音声を聞いて内容を確認します。初めはわからないところがあっても、「学習項目」を学び終えるころには全部わかるようになるでしょう。

5. 学習項目

この課で学習する内容です。次の「練習」でしっかり覚えましょう。

6. 練習

日本語の文型や表現を練習します。６種類の練習内容がありますが、そのうち二つを複合した問題もあります。「チャレンジ」は各課の最後に行います。

いってみよう

イラストや文を見て発話する練習

きいてみよう

音声を聞き取る練習

かいてみよう

イラストや文を見て答えを正確に書く練習

よんでみよう

少し長い文を読む練習

はなしてみよう

クラスメイトと会話をする練習

しつもんしてみよう

クラスメイトに質問して行う練習

★チャレンジ！

各課で学習した内容を踏まえた応用練習

無料ダウンロード音声について

本書の音声は、パソコンやスマートフォンに無料でダウンロードできます。

■パソコンからのダウンロード

①アルクの「ダウンロードセンター」にアクセス
https://www.alc.co.jp/dl
②「ダウンロードのお申し込みはこちら」をクリック
③本のタイトル「アクセス日本語」または商品コード（7021051）を検索

■スマートフォンの場合

① App Store(iphone) ／ Google Play(Android) から語学学習用アプリ「booco」をダウンロード
②アプリを開いて「探す」をタップ
③本のタイトル「アクセス日本語」または商品コード（7021051）を検索

*「booco」の使い方は、以下で確認できます。
https://cdn2.alc.co.jp/sa/booco/pdf/howtoboocoj.pdf

電子書籍購入方法について

『アクセス日本語』には本冊の他に、教師用指導書と文法解説書【ベトナム語版】が用意されています（文法解説書【ベトナム語版】は電子書籍のみでの販売。他は紙書籍、電子書籍）。必要に応じてお役立てください。

◆『アクセス日本語』

Amazon Kindle　GooglePlay ブックス

◆『アクセス日本語 教師用指導書』

Amazon Kindle　GooglePlay ブックス

◆『アクセス日本語文法解説書【ベトナム語版】』（※電子書籍のみ）

Amazon Kindle　GooglePlay ブックス

上記以外の電子書店で購入される場合は、本のタイトルで検索し、電子書籍版を選択してください。
* GooglePlay、AppleBooks では、海外からのご購入も可能です。

目次

登場人物

山田さん

ABC 商事の　課長・40 歳
アジアと　関係の　ある
仕事を　している。

鈴木さん

日本の　大学生・20 歳
将来　アジアで　働きたい
と　思っている。

グエンさん

ベトナムの　大学生・20 歳
ベトナムで　日本語を
学習している。

第（だい）1課（か）

はじめまして！

〈web で〉

グエンさんは　日本語（にほんご）を　勉強（べんきょう）しています。
グエンさんは　大学（だいがく）の　先輩（せんぱい）から　山田（やまだ）さんと　鈴木（すずき）さんを
紹介（しょうかい）してもらいました。
山田（やまだ）さんは　ABC 商事（しょうじ）の　社員（しゃいん）です。鈴木（すずき）さんは　大学生（だいがくせい）で、
この　会社（かいしゃ）の　インターンです。三人（さんにん）は　なにを　話（はな）しているでしょうか。

会話(かいわ)

山田(やまだ)：　こんにちは。グエンさんですか。

グエン：　はい、グエンです。

山田(やまだ)：　あ、こんにちは。ABC 商事(しょうじ)の　山田(やまだ)です。

グエン：　はじめまして。ハノイ国際情報大学(こくさいじょうほうだいがく)の　グエンです。
どうぞ　よろしく　お願(ねが)いします。

山田(やまだ)：　こちらこそ　どうぞ　よろしく　お願(ねが)いします。

山田(やまだ)：　こちらは　鈴木(すずき)さんです。

グエン：　鈴木(すずき)さん、こんにちは。鈴木(すずき)さんも　会社員(かいしゃいん)ですか。

鈴木(すずき)：　いいえ、会社員(かいしゃいん)じゃありません。私(わたし)も　学生(がくせい)です。

グエン：　そうですか。どうぞ　よろしく。

鈴木(すずき)：　どうぞ　よろしく。

グエン：　山田(やまだ)さん、東京(とうきょう)は　今(いま)　なん時(じ)ですか。

山田(やまだ)：　午後(ごご)３時(じ)です。ハノイは？

グエン：　午後(ごご)１時(じ)です。

学習項目(がくしゅうこうもく)

1. やまださんですか。はい、やまだです。
2. やまださんは　会社員(かいしゃいん)です。
3. すみません、やまださんですか。
   いいえ、やまださんじゃありません。さとうです。
4. 私(わたし)も　介護士(かいごし)です。
5. ABC 商事(しょうじ)の　やまだです。
6. なん時(じ)ですか。１時(じ)です。

練習(れんしゅう)

1 やまださんですか。はい、やまだです。

はなしてみよう 1-1

例(れい)のように　話(はな)しましょう。

A：こんにちは、(　やまだ　)さんですか。

B：はい。(　やまだ　)です。よろしく　お願(ねが)いします。

例(れい))やまだ	① さとう	② すずき	③ やまもと
	④ よしかわ	⑤ こんどう	⑥ ふじた

はなしてみよう 1-2

例(れい)のように　話(はな)しましょう。

A：はじめまして、(　パク　)です。

B：(　パク　)さんですね。どうぞ　よろしく。

例(れい))パク	① ホアン	② リー	③ ウィン	④ 自分(じぶん)の　名前(なまえ)

きいてみよう　かいてみよう 1-3

音声(おんせい)を　聞(き)いて、例(れい)のように　書(か)きましょう。

A：こちらは　(　かとう　)さんです。

B：(　かとう　)です。よろしく　お願(ねが)いします。

例(れい))かとう

①(　　　　　)　②(　　　　　)　③(　　　　　)　④(　　　　　)

⑤(　　　　　)　⑥(　　　　　)　⑦(　　　　　)　⑧(　　　　　)

しつもんしてみよう　1-4

クラスメイトに　名前(なまえ)を　質問(しつもん)しましょう。名前(なまえ)は　母語(ぼご)で　書(か)きましょう。

A：すみません、お名前(なまえ)は？
B：（　　　　　　　　　）です。
A：（　　　　　　　　　）さんですね。どうぞ　よろしく。

①（　　　　　　）さん　②（　　　　　　）さん　③（　　　　　　）さん
④（　　　　　　）さん　⑤（　　　　　　）さん　⑥（　　　　　　）さん

2　やまださんは　会社員(かいしゃいん)です。

はなしてみよう　1-5

イラストを　見(み)て、例(れい)のように　話(はな)しましょう。

A：（　かとう　）さんは、（　会社員(かいしゃいん)　）ですか。
B：はい、（　会社員(かいしゃいん)　）です。

例(れい)）かとう

① たかはし

② さとう

③ わたなべ

④ いとう

⑤ さいとう

⑥ ささき

⑦ やまもと

⑧ えんどう

3 すみません、やまださんですか。いいえ、やまださんじゃありません。さとうです。

はなしてみよう　　1-6

例（れい）のように　話（はな）しましょう。

A：すみません、（　やまださん　）ですか。
B：いいえ、（　やまださん　）じゃありません。
　（　自分（じぶん）の　名前（なまえ）　）です。
A：すみません。

例（れい））やまださん
① さとうさん　　② すずきさん
③ やまもとさん　　④ よしかわさん
⑤ さささきさん

きいてみよう　かいてみよう　　1-7

音声（おんせい）を　聞（き）いて、例（れい）のように　書（か）きましょう。

A：（　やまだ　）さんは、先生（せんせい）ですか。
B：いいえ、先生（せんせい）じゃありません。
　（　会社員（かいしゃいん）　）です。
A：あ、すみません。

例（れい））（　やまだ　）さんは　（　会社員（かいしゃいん）　）です。

①（　　　　　　　　）さんは　（　　　　　　　　）です。
②（　　　　　　　　）さんは　（　　　　　　　　）です。
③（　　　　　　　　）さんは　（　　　　　　　　）です。
④（　　　　　　　　）さんは　（　　　　　　　　）です。
⑤（　　　　　　　　）さんは　（　　　　　　　　）です。
⑥（　　　　　　　　）さんは　（　　　　　　　　）です。

4 私(わたし)も 介護士(かいごし)です。

はなしてみよう

1-8

イラストを 見(み)て、例(れい)のように 話(はな)しましょう。

例(れい)）会社員(かいしゃいん)

A:（ 相手(あいて)の名前(なまえ) ）さんは、（ 会社員(かいしゃいん) ）ですか。
B：はい、（ 会社員(かいしゃいん) ）です。
A：私(わたし)も（ 会社員(かいしゃいん) ）です。

① 看護師(かんごし)

② 学生(がくせい)

③ 主婦(しゅふ)

④ 銀行員(ぎんこういん)

⑤ 介護士(かいごし)

⑥ 保育士(ほいくし)

きいてみよう　かいてみよう

1-9

音声(おんせい)を 聞(き)いて、（　）に 都市名(としめい)を 書(か)きましょう。

A　　　：いのうえさん、出身(しゅっしん)は？
いのうえ：（①　　　　　）です。
A　　　：えっ、私(わたし)も（②　　　　　）です。

B　　　：まつもとさん、ご出身(しゅっしん)は？
まつもと：（③　　　　　）です。
B　　　：そうですか。私(わたし)は（④　　　　　）です。

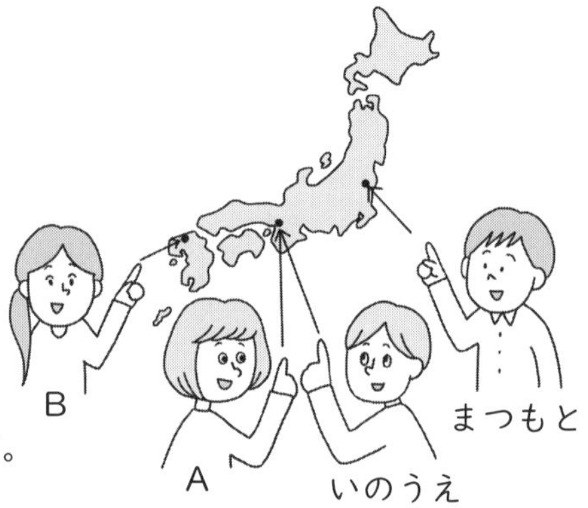

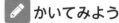

しつもんしてみよう　1-10

クラスメイトに　出身を　質問しましょう。お互いを　知る　ことが　目的なので、名前、地名は　日本語で　書かなくてもいいです。

A：（　　　　　　）さん、ご出身は？

B：（　　　　　　　　　）です。

A：そうですか。私も／は（　　　　　　　　　）です。

①（　　　　　）さん	
②（　　　　　）さん	
③（　　　　　）さん	

きいてみよう　かいてみよう　1-11

日本の　いろいろな　地名を　聞きましょう。どこに　ありますか。地図を　見ながら書きましょう。

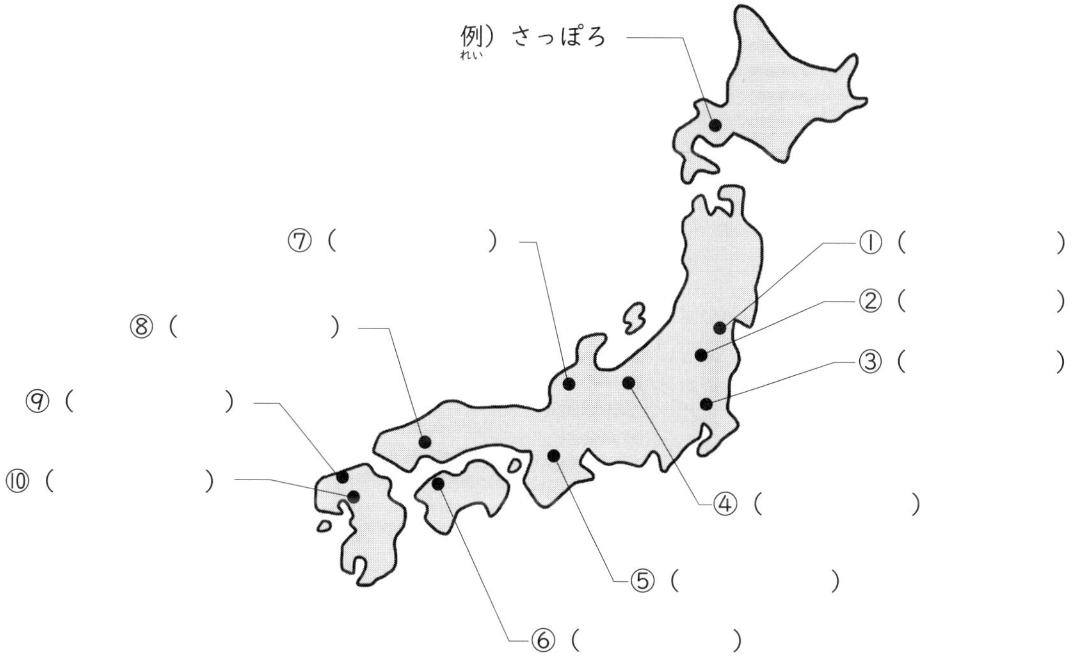

自分が　住んでいる　都道府県は　どこですか。書いてみましょう。

5 ABC商事(しょうじ)の やまだです。

はなしてみよう

1-12

イラストを 見(み)て、例(れい)のように 話(はな)しましょう。

例(れい)）A：かとうさん、かとうさんは、会社員(かいしゃいん)ですか。

B：はい、（ ABC商事(しょうじ) ）の （ 社員(しゃいん) ）です。

例(れい)）かとう

ABC商事(しょうじ)

① いとう

川北(かわきた)ケアセンター

② えんどう

やまと銀行(ぎんこう)

③ たかはし

あおば大学(だいがく)

④ わたなべ

山下病院(やましたびょういん)

⑤ さとう

あさひ第二高校(だいにこうこう)

⑥ やまもと

なかよし保育園(ほいくえん)

① A：いとうさん、いとうさんは、介護士(かいごし)ですか。

B：はい、（　　　　　　　　）の （　　　　　　）です。

② A：えんどうさん、えんどうさんは、銀行員(ぎんこういん)ですか。

B：はい、（　　　　　　　　）の （　　　　　　）です。

③ A：たかはしさん、たかはしさんは、大学生(だいがくせい)ですか。

B：はい、（　　　　　　　　）の （　　　　　　）です。

④ A：わたなべさん、わたなべさんは、看護師(かんごし)ですか。

B：はい、（　　　　　　　　）の （　　　　　　）です。

⑤ A：さとうさん、さとうさんは、先生(せんせい)ですか。

B：はい、（　　　　　　　　）の （　　　　　　）です。

⑥ A：やまもとさん、やまもとさんは、保育士(ほいくし)ですか。

B：はい、（　　　　　　　　）の （　　　　　　）です。

いってみよう

1-13

名刺(めいし)を　もらった　ことが　ありますか。名刺(めいし)に　どんな　ことが　書(か)いてありますか。話(はな)しましょう。それから、下(した)の　名刺(めいし)を　見(み)て、例(れい)のように　言(い)いましょう。

営業部
第二課　課長
山田　大輔
YAMADA　DAISUKE

株式会社 ABC 商事
〒 123-4567　東京都 千代田区 ○○町 12-34-5
Tel: 12-3456-XXXX Fax: 12-3456-XXXX

例(れい)）
三友商事(みつともしょうじ)（株(かぶ)）
清水(しみず)　今日子(きょうこ)

しみずさんは　（　三友商事(みつともしょうじ)　）の　（　社員(しゃいん)　）です。

①
あさひ第二高校(だいにこうこう)
佐藤(さとう)　道夫(みちお)

②
山下病院(やましたびょういん)
渡辺(わたなべ)　マキ

③
なかよし保育園(ほいくえん)
山本(やまもと)　洋介(ようすけ)

④
川北(かわきた)ケアセンター
伊東(いとう)　一良(かずよし)

① さとうさんは（　　　　　　　　）の　（　　　　　　　　）です。
② わたなべさんは（　　　　　　　　）の　（　　　　　　　　）です。
③ やまもとさんは（　　　　　　　　）の　（　　　　　　　　）です。
④ いとうさんは（　　　　　　　　）の　（　　　　　　　　）です。
⑤ 私(わたし)は（　　　　　　　　）の　（　　　　　　　　）です。

かいてみよう

1-14

自分(じぶん)の　名刺(めいし)を　書(か)きましょう。

名刺交換(めいしこうかん)を　してみましょう。

6　なん時(じ)ですか。 1時(じ)です。

いってみよう

1-15

数字(すうじ)や　時間(じかん)が　相手(あいて)に　正(ただ)しく　伝(つた)わるように　言(い)いましょう。

数字(すうじ)

0	ぜろ・れい	11	じゅう　いち
1	いち	12	じゅう　に
2	に	13	じゅう　さん
3	さん	14	じゅう　よん・し
4	よん・し	15	じゅう　ご
5	ご	16	じゅう　ろく
6	ろく	17	じゅう　なな・しち
7	なな・しち	18	じゅう　はち
8	はち	19	じゅう　きゅう・く
9	きゅう・く	20	に　じゅう
10	じゅう	30	さん　じゅう

時間(じかん)

1:00	いち　じ	8:00	はち　じ
2:00	に　じ	9:00	く　じ
3:00	さん　じ	10:00	じゅう　じ
4:00	よ　じ	11:00	じゅういち　じ
5:00	ご　じ	12:00	じゅうに　じ
6:00	ろく　じ	12:30	じゅうに　じ　はん
7:00	しち　じ	？	なん　じ

はなしてみよう

1-16

地図を　見て、例のように　話しましょう。

A：（　東京　）は、今　なん時ですか。
B：午後（　8　）時です。

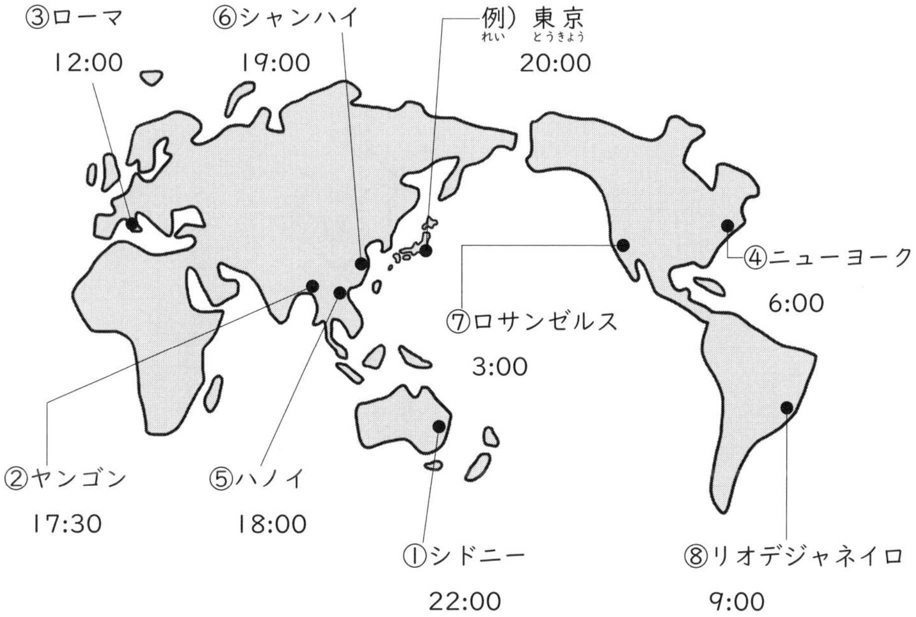

A：（　　　　　）は、今　なん時ですか。
B：午前／午後（　　　　）時です。

例）東京
①　シドニー　　②　ヤンゴン　　③　ローマ　　④　ニューヨーク
⑤　ハノイ　　⑥　シャンハイ　　⑦　ロサンゼルス
⑧　リオデジャネイロ

チャレンジ！

きいてみよう　はなしてみよう

1-17

三人(さんにん)は　なにを　話(はな)していますか。音声(おんせい)を　聞(き)きましょう。それから、会話(かいわ)を　見(み)て、三人(さんにん)で　話(はな)しましょう。

A：こちらは、（　　　　　　）さんです。

（　　　　　）さんは（　　　　　　　　　　　）の（　　　　　）です。

B：はじめまして。（　　　　　）です。

（　　　　　　）の（　　　　　）です。

出身(しゅっしん)は（　　　　　　　）です。

どうぞ　よろしく　お願(ねが)いします。

C：こちらこそ　どうぞ　よろしく　お願(ねが)いします。

第(だい) 2 課(か)

それはなんですか

〈web で〉

グエンさんと　鈴木(すずき)さんは、グエンさんの　机(つくえ)の　上(うえ)の　ものについて話(はな)しています。

机(つくえ)の　上(うえ)に　なにが　ありますか。

会話(かいわ)

鈴木(すずき)：　グエンさん、それは　なんですか。

グエン：　これですか。これは　スマートフォンです。

鈴木(すずき)：　いえ、それじゃありません。その　本(ほん)です。

グエン：　ああ、これですね。これは　車(くるま)の　雑誌(ざっし)です。

鈴木(すずき)：　へえ。だれのですか。グエンさんの　雑誌(ざっし)ですか。

グエン：　いいえ、私(わたし)のじゃありません。友達(ともだち)のです。

鈴木(すずき)：　それも　車(くるま)の　雑誌(ざっし)ですか。

グエン：　これですか。これは　アニメの　雑誌(ざっし)です。

学習項目(がくしゅうこうもく)

1. これは　スマートフォンです。
2. グエンさん、それは　なんですか。
3. その　本(ほん)です。
4. これは　車(くるま)の　雑誌(ざっし)です。
5. グエンさんの　雑誌(ざっし)です。

練習（れんしゅう）

1　これは　スマートフォンです。

きいてみよう　2-1

二人（ふたり）の　身（み）の　回（まわ）りに　なにが　ありますか。音声（おんせい）を　聞（き）いて　Aから　Hの　記号（きごう）を　書（か）きましょう。

A 

E 

B 

F 

C 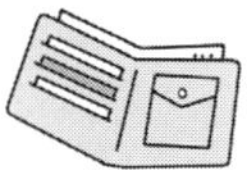

G 

D 

H 

かいてみよう　いってみよう　2-2

上（うえ）の　イラストを　見（み）て、書（か）きましょう。

例（れい））（　あれ　）は　（　鞄（かばん）　）です。

①（　　　）は　（　　　　　）です。
②（　　　）は　（　　　　　）です。
③（　　　）は　（　　　　　）です。
④（　　　）は　（　　　　　）です。
⑤（　　　）は　（　　　　　）です。
⑥（　　　）は　（　　　　　）です。
⑦（　　　）は　（　　　　　）です。
⑧（　　　）は　（　　　　　）です。

2　グエンさん、それは　なんですか。

はなしてみよう

2-3

イラストを　見(み)て、例(れい)のように　話(はな)しましょう。

例(れい)）すずき：グエンさん、（　それ　）は　なんですか。
　　　　　　ノートですか、雑誌(ざっし)ですか。
　　グエン：（　これ　）は、ノートです。

① すずき：あのう、（　　　　）は　なんですか。
　　　　　　鉛筆(えんぴつ)ですか、ボールペンですか。
　　グエン：（　　　　）は　ボールペンです。

② すずき：あのう、（　　　　）は　なんですか。
　　　　　　雑誌(ざっし)ですか、本(ほん)ですか。
　　グエン：（　　　　）は　雑誌(ざっし)です。

③ すずき：あのう、（　　　　）は　なんですか。
　　　　　　タブレットですか、スマートフォンですか。
　　グエン：（　　　　）は　スマートフォンです。

④ グエン：あのう、（　　　　）は　なんですか。
　　　　　　塩(しお)ですか、砂糖(さとう)ですか。
　　すずき：（　　　　）は　塩(しお)です。

⑤ グエン：あのう、（　　　　）は　なんですか。
　　　　　　牛肉(ぎゅうにく)ですか、豚肉(ぶたにく)ですか。
　　すずき：（　　　　）は　豚肉(ぶたにく)です。

はなしてみよう

イラストを　見（み）て、例（れい）のように　話（はな）しましょう。

A：あのう、これは　なんですか。

（　豚肉（ぶたにく）　）ですか。（　鶏肉（とりにく）　）ですか。

B：それは　（　豚肉（ぶたにく）　）　です。

例（れい）） A：豚肉（ぶたにく）・鶏肉（とりにく） B：豚肉（ぶたにく）	① A：そば・うどん B：そば	② A：豚肉（ぶたにく）・牛肉（ぎゅうにく） B：牛肉（ぎゅうにく）
③ A：肉（にく）・魚（さかな） B：魚（さかな）	④ A：豚肉（ぶたにく）・鶏肉（とりにく） B：鶏肉（とりにく）	⑤ A：肉（にく）・魚（さかな） B：魚（さかな）

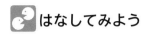

3 その 本(ほん)です。

はなしてみよう

2-5

イラストを 見(み)て、例(れい)のように 書(か)きましょう。それから、二人(ふたり)で 話(はな)しましょう。

例(れい)）A：すみません、（ この・**その**・あの ）本(ほん)を
取(と)ってください。
B：（ この・**これ** ）ですか。
A：はい、（ **その**・それ ）本(ほん)です。
ありがとう ございます。

① A：すみません、（ この・その・あの ）傘(かさ)を
取(と)ってください。
B：（ この・その・あの ）傘(かさ)ですか。
A：はい、すみません。

② A：すみません、（ この・その・あの ）雑誌(ざっし)を
取(と)ってください。
B：（ この・これ ）ですか。
A：はい、（ その・それ ）です。
ありがとう ございます。

③ A：あのう、（ それ・その ） ボールペンを 取(と)ってください。
B：（ これ・この ）ですか。
A：いいえ、（ それ・その ）じゃありません。
（ それ・その ）ボールペンです。
B：ああ、（ これ・この ）ですね。どうぞ。
A：ありがとう ございます。

はなしてみよう

2-6

教室(きょうしつ)に　ある　ものを　使(つか)って、話(はな)しましょう。

A：すみません、（　この・その・あの　）（　　　　　　　）を　取(と)ってください。

B：（　これ・それ・あれ　）ですか。

A：はい、そうです。ありがとう　ございます。

4　これは　車(くるま)の　雑誌(ざっし)です。

いってみよう

2-7

どんな　雑誌(ざっし)、鍵(かぎ)などが　ありますか。□の　中(なか)から　選(えら)んで、いろいろ　言(い)ってみましょう。

例(れい)）これは　（　車(くるま)　）の　雑誌(ざっし)です。

① これは　（　　　　　）の　雑誌(ざっし)です。

② これは　（　　　　　）の　雑誌(ざっし)です。

③ これは　（　　　　　）の　鍵(かぎ)です。

④ これは　（　　　　　）の　鍵(かぎ)です。

⑤ これは　（　　　　　）の　鍵(かぎ)です。

⑥ これは　（　　　　　）の　車(くるま)です。

⑦ これは　（　　　　　）の　車(くるま)です。

⑧ これは　（　　　　　）の　車(くるま)です。

⑨ これは　（　　　　　）の　コーヒーです。

⑩ これは　（　　　　　）の　コーヒーです。

⑪ これは　（　　　　　）の　コーヒーです。

⑫ これは　（　　　　　）の　新聞(しんぶん)です。

⑬ これは　（　　　　　）の　新聞(しんぶん)です。

⑭ これは　（　　　　　）の　新聞(しんぶん)です。

例(れい)）車(くるま)	ファッション	アニメ	家(いえ)	自転車(じてんしゃ)	車(くるま)
	日本(にほん)	アメリカ	ドイツ	ベトナム	イタリア
	ブラジル	英語(えいご)	日本語(にほんご)	中国語(ちゅうごくご)	

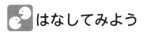

きいてみよう　かいてみよう　2-8

音声を　聞いて、例のように　書きましょう。

例1）A：グエンさん、　それは　（　なん　）の　雑誌ですか。
　　B：（　車　）の　雑誌です。

例2）A：グエンさん、それは　（　どこ　）の　チョコレートですか。
　　B：（　ベトナム　）の　チョコレートです。

① A：それは　（　　　　　）の　鍵ですか。
　B：（　　　　　）の　鍵です。

② A：それは　（　　　　　）の　チョコレートですか。
　B：（　　　　　）の　チョコレートです。

③ A：それは　（　　　　　）の　雑誌ですか。
　B：（　　　　　）の　雑誌です。

④ A：それは　（　　　　　）の　コーヒーですか。
　B：（　　　　　）の　コーヒーです。

⑤ A：それは　（　　　　　）の　鍵ですか。
　B：（　　　　　）の　鍵です。

5 グエンさんの　雑誌です。

いってみよう

2-9

だれの　ものですか。イラストを　見て、探してみましょう。

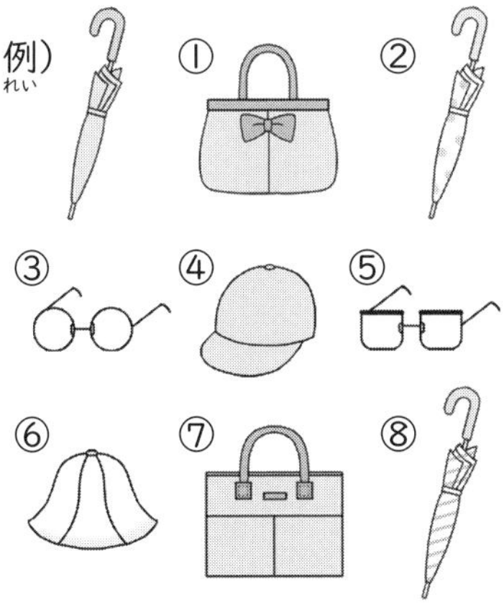

例）これは　（　いとうさん　）の　傘です。
① これは　（　　　　　　　）の　鞄です。
② これは　（　　　　　　　）の　傘です。
③ これは　（　　　　　　　）の　眼鏡です。
④ これは　（　　　　　　　）の　帽子です。
⑤ これは　（　　　　　　　）の　眼鏡です。
⑥ これは　（　　　　　　　）の　帽子です。
⑦ これは　（　　　　　　　）の　鞄です。
⑧ これは　（　　　　　　　）の　傘です。

いとうさん

やまもとさん

あおやまさん

しみずさん

よしきくん

かとうさん

こんどうさん

まりちゃん

たかはしさん

かいてみよう

2-10

イラストを　見(み)て、例(れい)のように　書(か)きましょう。

例(れい)）Ａ：すみません、これは　（　だれ　）の

（　傘(かさ)　）ですか。

Ｂ：（　ヘンリーさん　）の

（　傘(かさ)　）です。

① マリー

② グエン

③ エド

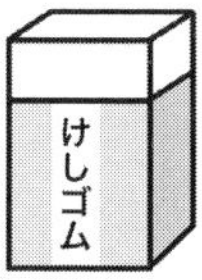

④ ポン

⑤ サイ

⑥ キム

① Ａ：すみません、　これは　（　　　　　）の　（　　　　　）ですか。

Ｂ：（　　　　　）の　（　　　　　）　です。

② Ａ：すみません、　これは　（　　　　　）の　（　　　　　）ですか。

Ｂ：（　　　　　）の　（　　　　　）　です。

③ Ａ：すみません、　これは　（　　　　　）の　（　　　　　）ですか。

Ｂ：（　　　　　）の　（　　　　　）　です。

④ Ａ：すみません、これは　（　　　　　）の　（　　　　　）ですか。

Ｂ：（　　　　　）の　です。

⑤ Ａ：すみません、これは　（　　　　　）の　（　　　　　）　ですか。

Ｂ：（　　　　　）の　です。

⑥ Ａ：すみません、これは　（　　　　　）の　（　　　　　）ですか。

Ｂ：（　　　　　）の　です。

身(み)の　回(まわ)りの　ものを　使(つか)って、会話(かいわ)の　練習(れんしゅう)を　してみましょう。

チャレンジ！

きいてみよう　はなしてみよう

2-11

音声(おんせい)を　聞(き)いて、(　　)に　言葉(ことば)を　書(か)きましょう。

A：コーヒー　どうぞ。

B：ありがとう　ございます。

　　これは　(①　　　　　　)　コーヒーですか。

A：(②　　　　　　)です。

B：いただきます。あ、すみません、(③　　　　　　)砂糖(さとう)を　取(と)ってください。

A：これですか。どうぞ。

B：ありがとう　ございます。あ、それは　ベトナムの　チョコレートですね。

　　だれのですか。

A：これは　(④　　　　　　)　チョコレートです。

　　よかったら、これも　どうぞ。

第3課

コピー機はどこですか

〈会社で〉

鈴木さんは　仕事を　始めて　三日目です。
山田さんは　鈴木さんに　仕事を　頼んでいます。
鈴木さんは　これから　なにを　するのでしょうか。

会話(かいわ)

山田(やまだ)：　鈴木(すずき)さん、これ、コピーを　お願(ねが)いします。

鈴木(すずき)：　はい、わかりました。なん枚(まい)ですか。

山田(やまだ)：　10枚(まい)　お願(ねが)いします。あそこに　コピー機(き)が　あります。

鈴木(すずき)：　はい。

山田(やまだ)：　それから、これを　総務部(そうむぶ)の　青山(あおやま)さんに　渡(わた)してください。

鈴木(すずき)：　はい、わかりました。あのう、総務部(そうむぶ)は　どこですか。

山田(やまだ)：　総務部(そうむぶ)は　3階(がい)です。

鈴木(すずき)：　3階(がい)ですね。わかりました。

＊　＊　＊

鈴木(すずき)：　すみません。これ、総務部(そうむぶ)の　青山(あおやま)さんに……。

林(はやし)　：　あ、ここは　営業部(えいぎょうぶ)です。青山(あおやま)さんは　あそこです。

鈴木(すずき)：　すみません。

学習項目(がくしゅうこうもく)

1. ここは　営業部(えいぎょうぶ)です。
2. コピー機(き)は　どこですか。
3. あそこに　コピー機(き)が　あります。
4. 場所(ばしょ)の　言葉(ことば)
5. 10枚(まい)　お願(ねが)いします。

練習
れんしゅう

1 ここは 営業部です。

いってみよう

3-1

イラストを 見て、例のように 言いましょう。会社には 他に どんな 部署が ありますか。話してみましょう。

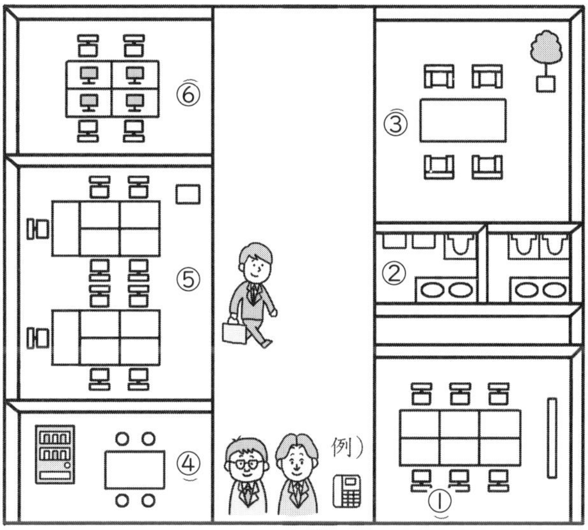

例）（ ここ ）は 受付です。

①（ ）は 会議室です。

②（ ）は トイレです。

③（ ）は 応接室です。

④（ ）は 休憩室です。

⑤（ ）は 営業部です。

⑥（ ）は 経理部です。

はなしてみよう

3-2

今 いる 場所を 説明してみましょう。

2　コピー機(き)は　どこですか。

きいてみよう　かいてみよう

3-3

音声(おんせい)を　聞(き)いて、例(れい)のように　書(か)きましょう。

例(れい)）A：（　郵便局(ゆうびんきょく)　）は　どこですか。
　　B：ここです。

① A：（　　　　　　　　　）は　どこですか。
　B：ここです。

② A：（　　　　　　　　　）は　どこですか。
　B：ここです。

③ A：（　　　　　　　　　）は　どこですか。
　B：ここです。

④ A：（　　　　　　　　　）は　どこですか。
　B：ここと　ここです。

⑤ A：（　　　　　　　　　）は　どこですか。
　B：ここです。

⑥ A：（　　　　　　　　　）は　どこですか。
　B：ここです。

⑦ A：（　　　　　　　　　）は　どこですか。
　B：ここです。

⑧ A：（　　　　　　　　　）は　どこですか。
　B：この　辺(あた)りです。

はなしてみよう

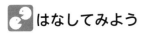

イラストを　見て、例のように　話しましょう。

とくとくスーパー

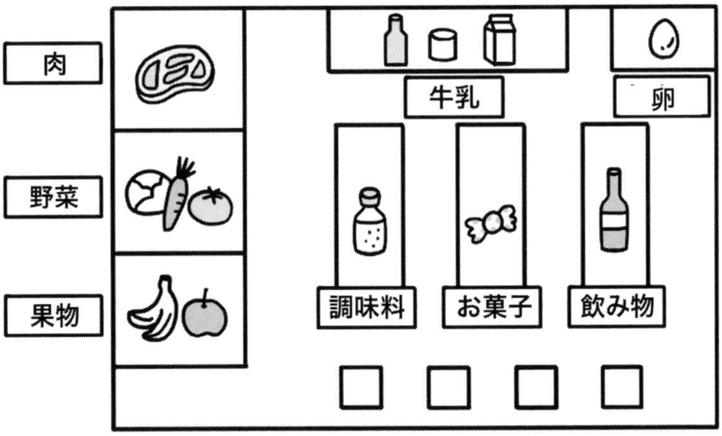

例）A：すみません、（　卵　）は　どこですか。
　　B：あちらです。

① A：すみません、（　　　　　　　　）は　どこですか。
　 B：あちらです

② A：すみません、（　　　　　　　　）は　どこですか。
　 B：あちらです

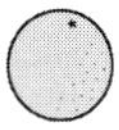

③ A：すみません、（　　　　　　　　）は　どこですか。
　 B：あちらです

④ A：すみません、（　　　　　　　　）は　どこですか。
　 B：あちらです

⑤ A：すみません、（　　　　　　　　）は　どこですか。
　 B：あちらです

⑥ A：すみません、（　　　　　　　　）は　どこですか。
　 B：あちらです

⑦ A：すみません、（　　　　　　　　）は　どこですか。
　 B：あちらです

クラスメイトに　買いたい　ものを　自由に　質問しましょう。
スーパーへ　行って、どんな　表示が　あるか、探してきましょう。

3 あそこに　コピー機が　あります。

かいてみよう

3-5

イラストを　見て、例のように　書きましょう。

例1）ここに　（　　本　　）が　（ありますˎ・　います　）。（「あります」に丸）

例2）ここに　（　やまださん　）が　（　あります　・　います　）。（「います」に丸）

① ここに　（　　　　　　）が　（　あります　・　います　）

② ここに　（　　　　　　）が　（　あります　・　います　）

③ ここに　（　　　　　　）が　（　あります　・　います　）

④ ここに　（　　　　　　）が　（　あります　・　います　）

⑤ ここに　（　　　　　　）が　（　あります　・　います　）

⑥ ここに　（　　　　　　）が　（　あります　・　います　）

⑦ ここに　（　　　　　　）が　（　あります　・　います　）

⑧ ここに　（　　　　　　）が　（　あります　・　います　）

⑨ ここに　（　　　　　　）が　（　あります　・　います　）

4 場所(ばしょ)の　言葉(ことば)

かいてみよう

3-6

イラストを　見(み)て、例(れい)のように　書(か)きましょう。

例(れい)）

①

②

③

④

⑤

⑥

⑦

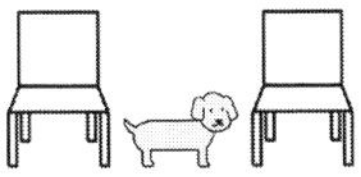

例(れい)）いす［ の ］（ 前(まえ) ）［ に ］ いぬ［ が ］ います。

① いす［　　］（　　　）［　　］ いぬ［　　］ います。

② いす［　　］（　　　）［　　］ いぬ［　　］ います。

③ いす［　　］（　　　）［　　］ いぬ［　　］ います。

④ いす［　　］（　　　）［　　］ いぬ［　　］ います。

⑤ 家(いえ)［　　］（　　　）［　　］ いぬ［　　］ います。

⑥ 家(いえ)［　　］（　　　）［　　］ いぬ［　　］ います。

⑦ いす［　　］ いす［　　］（　　　）［　　］ いぬ［　　］ います。

かいてみよう　はなしてみよう

イラストを　見(み)て、例(れい)のように　書(か)きましょう。それから、二人(ふたり)で　話(はな)しましょう。

例(れい)） A：すみません、
　　自動販売機(じどうはんばいき)は　どこですか。
　B：自動販売機(じどうはんばいき)ですか。
　　自動販売機(じどうはんばいき)は　あそこです。
　　（ 部屋(へや) ）［の］（ 外(そと) ）［に］
　　（ います ・ あります ）。 ← あります is circled
　A：　ありがとう　ございます。

① A：すみません、なかむらさんは　どこですか。
　B：なかむらさんですか。なかむらさんは　あそこです。
　　（　　　）［　　］（　　　）［　　］（ います ・ あります ）。
　A：ありがとう　ございます。

② A：すみません、ごみ箱(ばこ)は　どこですか。
　B：ごみ箱(ばこ)ですか。ごみ箱(ばこ)は　あそこです。
　　（　　　）［　　］（　　　）［　　］（ います ・ あります ）。
　A：ありがとう　ございます。

③ A：すみません、コピー機(き)は　どこですか。
　B：コピー機(き)ですか。コピー機(き)は　あそこです。
　　（　　　）［　　］（　　　）［　　］（ います ・ あります ）。
　A：ありがとう　ございます。

④ A：すみません、さかもとさんは　どこですか。
　B：さかもとさんですか。さかもとさんは　あそこです。
　　（　　　）［　　］（　　　）［　　］（ います ・ あります ）。
　A：ありがとう　ございます。

⑤ A：すみません、パソコンは　どこですか。
　B：パソコンですか。パソコンは　あそこです。
　　（　　　）［　　］（　　　）［　　］（ います ・ あります ）。
　A：ありがとう　ございます。

5 10枚　お願いします。

いってみよう

3-8

表を　見て、助数詞が　ついた　言葉を　言いましょう。

～枚	～台	～人	～本	～つ
1枚	1台	一人（ひとり）	1本（いっぽん）	一つ（ひとつ）
2枚	2台	二人（ふたり）	2本（にほん）	二つ（ふたつ）
3枚	3台	三人（さんにん）	3本（さんぼん）	三つ（みっつ）
4枚	4台	四人（よにん）	4本（よんほん）	四つ（よっつ）
5枚	5台	五人（ごにん）	5本（ごほん）	五つ（いつつ）
6枚	6台	六人（ろくにん）	6本（ろっぽん）	六つ（むっつ）
7枚	7台	七人（ななにん・しちにん）	7本（ななほん）	七つ（ななつ）
8枚	8台	八人（はちにん）	8本（はっぽん）	八つ（やっつ）
9枚	9台	九人（きゅうにん・くにん）	9本（きゅうほん）	九つ（ここのつ）
10枚	10台	十人（じゅうにん）	10本（じゅっぽん）	十（とお）
なん枚	なん台	なん人	なん本	いくつ

いってみよう

3-9

イラストを　見て、例のように　言いましょう。

例1）（　三つ　）
例2）（　2台　）

例1）

例2）

①

②

③

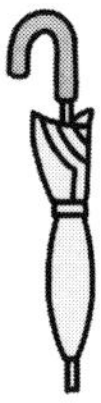

④

⑤

❓ しつもんしてみよう

3-10

なにが　いくつ　ありますか。イラストを　見(み)て、質問(しつもん)しましょう。

例(れい)）Ａ：りんごは　いくつ　ありますか。

　　　Ｂ：三(みっ)つ　あります。

例(れい)）りんご	三(みっ)つ
お皿(さら)	
ワイン	
車(くるま)	
木(き)	
女(おんな)の　人(ひと)	
男(おとこ)の　人(ひと)	

チャレンジ！

はなしてみよう

3-11

図を　描いて、自分の　部屋を　説明しましょう。

例）ドアの　左に　ベッドが　あります。
　　机の　上に　本と　ノートが　あります。

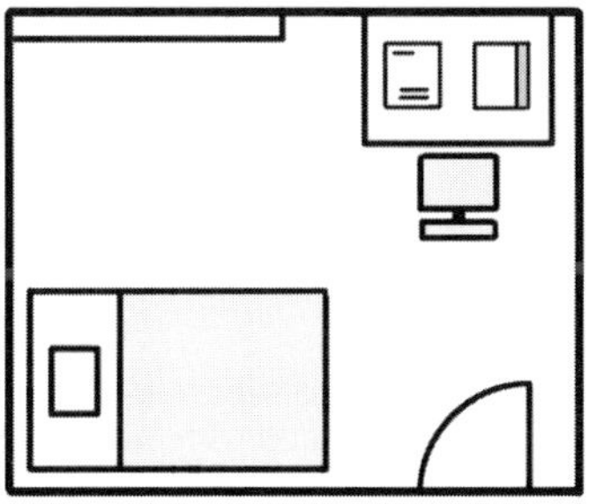

第4課

週末はなにをしますか

〈会社で〉

一週間の　仕事が　終わりました。
山田さんと　鈴木さんは　帰る　準備を　しています。
二人は　なにを　話しているでしょうか。

会話(かいわ)

山田(やまだ)：　一週間(いっしゅうかん)　お疲(つか)れ様(さま)でした。明日(あした)は　土曜日(どようび)ですね。
週末(しゅうまつ)は　なにを　しますか。

鈴木(すずき)：　中国語(ちゅうごくご)を　勉強(べんきょう)します。

山田(やまだ)：　へえ。すごいですね。どこで　勉強(べんきょう)しますか。

鈴木(すずき)：　大学(だいがく)で　勉強(べんきょう)します。

山田(やまだ)：　そうですか。

鈴木(すずき)：　山田(やまだ)さんは？

山田(やまだ)：　そうですね。家族(かぞく)と　うちで　映画(えいが)を　見(み)ます。

学習項目(がくしゅうこうもく)

1. 明日(あした)は　土曜日(どようび)ですね。
2. 勉強(べんきょう)します。勉強(べんきょう)しません。
3. 中国語(ちゅうごくご)を　勉強(べんきょう)します。
4. 週末(しゅうまつ)は　なにを　しますか。
5. どこで　勉強(べんきょう)しますか。
6. 家族(かぞく)と　映画(えいが)を　見(み)ます。

練習（れんしゅう）

1 明日（あした）は　土曜日（どようび）ですね。

いってみよう

4-1

カレンダーを　見（み）て、言（い）いましょう。

6月

今日（きょう）→ 3

Mon	Tue	Wed	Thu	Fri	Sat	Sun
					1	2
3	4	5	6	7	8	9
10	11	12	13	14	15	16
17	18	19	20	21	22	23
24	25	26	27	28	29	30

例（れい））今日（きょう）は　（　月曜日（げつようび）　）です。

① 明日（あした）は　（　　　　　　）です。

② あさっては　（　　　　　　）です。

③ 6月（がつ） 16 日（にち）は　（　　　　　　）です。

④ 6月（がつ） 13 日（にち）は　（　　　　　　）です。

⑤ 6月（がつ） 29 日（にち）は　（　　　　　　）です。

⑥ 6月（がつ） 14 日（じゅうよっか）は　（　　　　　　）です。

かいてみよう

4-2

カレンダーを　見(み)て、例(れい)のように　ひらがなで　書(か)きましょう。

6月

Mon	Tue	Wed	Thu	Fri	Sat	Sun
					例(れい)）1	① 2
② 3	③ 4	④ 5	⑤ 6	⑥ 7	⑦ 8	⑧ 9
⑨ 10	11	12	13	14	15	16
17	18	⑩ 19	⑪ 20	21	22	23
24	25	26	27	⑫ 28	29	30

例(れい)）今日(きょう)は　６月(がつ)（　ついたち　）です。

①　今日(きょう)は　６月(がつ)（　　　　　　）です。
②　今日(きょう)は　６月(がつ)（　　　　　　）です。
③　今日(きょう)は　６月(がつ)（　　　　　　）です。
④　今日(きょう)は　６月(がつ)（　　　　　　）です。
⑤　今日(きょう)は　６月(がつ)（　　　　　　）です
⑥　今日(きょう)は　６月(がつ)（　　　　　　）です
⑦　今日(きょう)は　６月(がつ)（　　　　　　）です
⑧　今日(きょう)は　６月(がつ)（　　　　　　）です
⑨　今日(きょう)は　６月(がつ)（　　　　　　）です
⑩　今日(きょう)は　６月(がつ)（　　　　　　）です
⑪　今日(きょう)は　６月(がつ)（　　　　　　）です。
⑫　今日(きょう)は　６月(がつ)（　　　　　　）です。

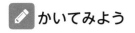

2 勉強(べんきょう)します。勉強(べんきょう)しません。

かいてみよう　いってみよう　4-3

イラストを　見(み)て、　例(れい)のように　書(か)きましょう。それから、例(れい)のように　言(い)いましょう。

例(れい)）

①

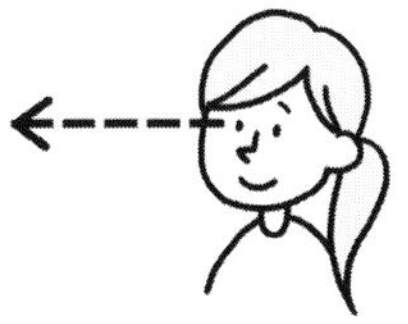

②

③

④

⑤

⑥

例(れい)）○　（　勉強(べんきょう)します　）　×　（　勉強(べんきょう)しません　）

①　○　（　　　　　　）　×　（　　　　　　）

②　○　（　　　　　　）　×　（　　　　　　）

③　○　（　　　　　　）　×　（　　　　　　）

④　○　（　　　　　　）　×　（　　　　　　）

⑤　○　（　　　　　　）　×　（　　　　　　）

⑥　○　（　　　　　　）　×　（　　　　　　）

3 中国語を　勉強します。

いってみよう

4-4

イラストを　見て、例のように　言いましょう。

例）

①

②

③

④

⑤

⑥

⑦

聞きます	飲みます
書きます	します
買います	見ます
~~食べます~~	読みます

例）（　パン　）を　（　食べます　）。

①（　　　　　）を　（　　　　　　　）。

②（　　　　　）を　（　　　　　　　）。

③（　　　　　）を　（　　　　　　　）。

④（　　　　　）を　（　　　　　　　）。

⑤（　　　　　）を　（　　　　　　　）。

⑥（　　　　　）を　（　　　　　　　）。

⑦（　　　　　）を　（　　　　　　　）。

はなしてみよう

例のように　話しましょう。

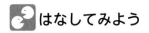

例）Ａ：やまもとさんは　サッカーを　しますか。

　　Ｂ：いいえ、（　しません　）。

①Ａ：おおたさんは　アニメを　見ますか。

　Ｂ：はい、（　　　　　　　）

②Ａ：おおたさんは　ビールを　飲みますか。

　Ｂ：いいえ、（　　　　　　　）

③Ａ：おおたさんは　お寿司を　食べますか。

　Ｂ：いいえ、（　　　　　　　）

④Ａ：リュウさんは　牛肉や　豚肉を　食べますか。

　Ｂ：いいえ、（　　　　　　　）

⑤Ａ：リュウさんは　自分で　料理を　作りますか。

　Ｂ：はい、（　　　　　　　）

⑥Ａ：リュウさんは　英語の　新聞を　読みますか。

　Ｂ：はい、（　　　　　　　）

クラスメイトに　質問しましょう。

4 週末(しゅうまつ)は　なにを　しますか。

きいてみよう　しつもんしてみよう

4-6

音声(おんせい)を　聞(き)いて、例(れい)のように　書(か)きましょう。それから、週末(しゅうまつ)の　予定(よてい)について　クラスメイトに　質問(しつもん)しましょう。

例(れい)）A：週末(しゅうまつ)は　なにを　しますか。
　　B：（　本(ほん)　）を　（　読(よ)みます　）。

①A：週末(しゅうまつ)は　なにを　しますか。
　B：（　　　　　　）を　（　　　　　　　　）。

②A：週末(しゅうまつ)は　なにを　しますか。
　B：（　　　　　　）を　（　　　　　　　　）。

③A：週末(しゅうまつ)は　なにを　しますか。
　B：（　　　　　　）を　（　　　　　　　　）。

④A：週末(しゅうまつ)は　なにを　しますか。
　B：（　　　　　　）を　（　　　　　　　　）。

⑤A：週末(しゅうまつ)は　なにを　しますか。
　B：（　　　　　　）を　（　　　　　　　　）。

⑥A：週末(しゅうまつ)は　なにを　しますか。
　B：（　　　　　　）を　（　　　　　　　　）。

5　どこで　勉強しますか。

いってみよう

4-7

イラストを　見て、例のように　言ってみましょう。

例）

①

②

③

④

⑤

⑥

⑦

例）部屋で　音楽を　聞きます。

きいてみよう　かいてみよう

音声(おんせい)を　聞(き)いて、例(れい)のように　書(か)きましょう。

例(れい)）Ａ：グエンさん、いつも　どこで　映画(えいが)を　見(み)ますか。

　　Ｂ：（　映画館(えいがかん)　）［で］　見(み)ます。

① Ａ：やまださん、いつも　どこで　昼(ひる)ご飯(はん)を　食(た)べますか。

　 Ｂ：（　　　　　　　　　）［　　］　食(た)べます。

② Ａ：やまださん、いつも　どこで　お弁当(べんとう)を　買(か)いますか。

　 Ｂ：（　　　　　　　　　）［　　］　買(か)います。

③ Ａ：グエンさん、いつも　どこで　宿題(しゅくだい)を　しますか。

　 Ｂ：　（　　　　　　　　　）［　　］　します。

④ Ａ：キムさん、いつも　どこで　宿題(しゅくだい)を　しますか。

　 Ｂ：　（　　　　　　　　　）［　　］　します。

⑤ Ａ：ささきさん、いつも　どこで　野菜(やさい)や　肉(にく)を　買(か)いますか。

　 Ｂ：（　　　　　　　　　）［　　］　買(か)います。

⑥ Ａ：ささきさん、いつも　どこで　トイレットペーパーや

　 　　ティッシュペーパーを　買(か)いますか。

　 Ｂ：（　　　　　　　　　）［　　］　買(か)います。

⑦ Ａ：ささきさん、いつも　どこで　服(ふく)を　買(か)いますか。

　 Ｂ：（　　　　　　　　　）［　　］　買(か)います。

クラスメイトに　質問(しつもん)しましょう。

6　家族(かぞく)と　映画(えいが)を　見(み)ます。

かいてみよう

4-9

イラストを　見(み)て、例(れい)のように　書(か)きましょう。

例(れい)１）

例(れい)２）

①

②

③

④

⑤

⑥

例(れい)１）（　グエンさん　）［と］　ゲームを　します。
例(れい)２）（　一人(ひとり)　）［で］　散歩(さんぽ)を　します。

①（　　　　　）［　　］　宿題(しゅくだい)を　します。
②（　　　　　）［　　］　サッカーを　します
③（　　　　　）［　　］　昼(ひる)ご飯(はん)を　食(た)べます。
④（　　　　　）［　　］　晩(ばん)ご飯(はん)を　食(た)べます。
⑤（　　　　　）［　　］　映画(えいが)を　見(み)ます。
⑥（　　　　　）［　　］　お酒(さけ)を　飲(の)みます。

きいてみよう　かいてみよう

音声を　聞いて、例のように　書きましょう。

例）Ａ：いつも　だれと　昼ご飯を　食べますか。
　　Ｂ：（　たなかさん　）［ と ］ 食べます。

① Ａ：いつも　だれと　晩ご飯を　食べますか。
　　Ｂ：（　　　　　　　　）［　　］ 食べます。

② Ａ：さとうさんは　いつも　だれと　晩ご飯を　食べますか。
　　Ｂ：（　　　　　　　　）［　　］ 食べます。

③ Ａ：いつも　だれと　宿題を　しますか。
　　Ｂ：（　　　　　　　　）［　　］ します。

④ Ａ：グエンさんは　いつも　だれと　宿題を　しますか。
　　Ｂ：（　　　　　　　　）［　　］ します。

⑤ Ａ：いつも　だれと　映画を　見ますか。
　　Ｂ：（　　　　　　　　）［　　］ 見ます。

⑥ Ａ：マリーさんは　いつも　だれと　お酒を　飲みますか。
　　Ｂ：私は　（　　　　　　　　）［　　］ （　　　　　　　　）。

クラスメイトに　質問しましょう。

チャレンジ！

きいてみよう　はなしてみよう

4-11

音声を　聞いて、□や　（　）に　答えを　書きましょう。それから、二人で　話してみましょう。

チョウ：ささきさん、ちょっと　お聞きしたいんですが。

ささき：ええ。いいですよ。なんですか。

チョウ：ささきさんは　いつも　①（　　　　　）□
　　　　野菜や　肉を　買いますか。

ささき：とくとくスーパー②□（　　　　　）。

チョウ：トイレットペーパーや　シャンプーは　③（　　　　　）□
　　　　買いますか。

ささき：トイレットペーパーは　ドラッグストア④□（　　　　　　　）。
　　　　とくとくスーパーに　トイレットペーパーは　ありません。

チョウ：そうですか。ありがとう　ございます。

⋮

ささき：チョウさんは　いつも　⑤（　　　　　）□　昼ご飯を　食べますか。

チョウ：いつも　会社⑥□（　　　　　　　）。
　　　　先輩⑦□（　　　　　　　）。

ささき：晩ご飯も　先輩⑧□（　　　　　　　）。

チョウ：いいえ、晩ご飯は　いつも　うちで　⑨（　　　　　　　）□
　　　　食べます。ささきさんは？

ささき：⑩（　　　　）□　食べます。　時々　お酒も　飲みます。

チョウ：へえ。そうですか。

第(だい)5課(か)

日本(にほん)へ行(い)きます

〈web で〉

グエンさんと　鈴木(すずき)さんが　話(はな)しています。
グエンさんは　うれしそうです。
どうしてなのでしょうか。

会話(かいわ)

鈴木(すずき)：　グエンさん、こんにちは。

グエン：　こんにちは。あの、大阪(おおさか)から　東京(とうきょう)まで　どのくらいですか。

鈴木(すずき)：　なにで　行(い)きますか。

グエン：　新幹線(しんかんせん)で　行(い)きます。

鈴木(すずき)：　新幹線(しんかんせん)で　3時間(じかん)ぐらいです。

グエン：　そうですか。実(じつ)は、8月(がつ)に　日本(にほん)へ　行(い)きます。

鈴木(すずき)：　え、旅行(りょこう)ですか。

グエン：　はい。8月(がつ)20日(はつか)から　25日(にち)までです。大阪(おおさか)へ　行(い)きます。
それから　8月(がつ)22日(にち)に　東京(とうきょう)へ　行(い)きます。

鈴木(すずき)：　東京(とうきょう)で　グエンさんと　会(あ)いたいです。どうですか。

グエン：　いいですね！

学習項目(がくしゅうこうもく)

1. 日本(にほん)へ　行(い)きます。
2. 8月(がつ)22日(にち)に　東京(とうきょう)へ　行(い)きます。
3. 新幹線(しんかんせん)で　行(い)きます。
4. 8月(がつ)20日(はつか)から　25日(にち)までです。
5. 大阪(おおさか)から　東京(とうきょう)まで　どのくらいですか。
6. 東京(とうきょう)で　グエンさんと　会(あ)いたいです。

練習(れんしゅう)

1 日本(にほん)へ　行(い)きます。

いってみよう

5-1

イラストを　見(み)て、例(れい)のように　言(い)いましょう。

例(れい))

①

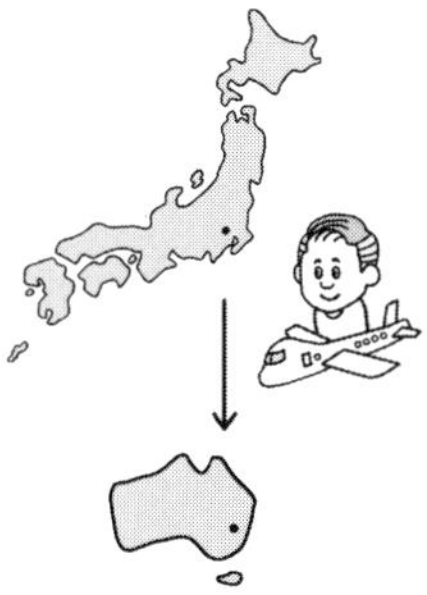

②

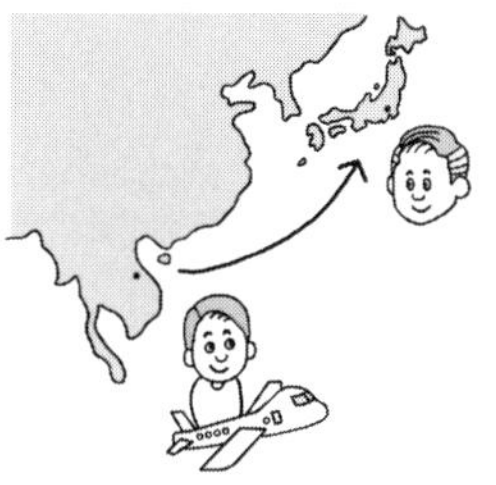

③

④

⑤

例(れい)) 大阪(おおさか)［ へ ］（　行(い)きます　）。

① オーストラリア［　　］（　　　　　　）。

② 友達(ともだち)が　日本(にほん)［　　］（　　　　　　）。

③ トイレ［　　］（　　　　　　）。

④ コンビニ［　　］（　　　　　　）。

⑤ 家(いえ)［　　］（　　　　　　）。

2　8月(がつ)22日(にち)に　東京(とうきょう)へ　行(い)きます。

いってみよう　かいてみよう

5-2

カレンダーを　見(み)て、日(ひ)にちを　言(い)いましょう。
例のように　ひらがなで　書(か)いてみましょう。

例(れい)）１０月２日（じゅうがつ　ふつか）

① 　９月　１日　（　　　　　　　　　　）
② １０月１０日　（　　　　　　　　　　）
③ １０月　３日　（　　　　　　　　　　）
④ 　９月　５日　（　　　　　　　　　　）
⑤ 　９月２０日　（　　　　　　　　　　）
⑥ 　９月１２日　（　　　　　　　　　　）
⑦ １０月　９日　（　　　　　　　　　　）
⑧ １０月２５日　（　　　　　　　　　　）
⑨ 　９月　８日　（　　　　　　　　　　）
⑩ 　９月１９日　（　　　　　　　　　　）

9月

月	火	水	木	金	土	日
	1	2	3	4	5	6
7	8	9	10	11	12	13
14	15	16	17	18	19	20
21	22	23	24	25	26	27
28	29	30				

10月

月	火	水	木	金	土	日
			1	2	3	4
5	6	7	8	9	10	11
12	13	14	15	16	17	18
19	20	21	22	23	24	25
26	27	28	29	30	31	

しつもんしてみよう

5-3

クラスメイトの　誕生日(たんじょうび)を　質問(しつもん)しましょう。

Ａ：誕生日(たんじょうび)は　いつですか。
Ｂ：（　　　）月(がつ)　（　　　）日(にち／か)です。

はなしてみよう

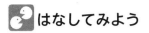

いつ、なにを　しますか。スケジュール表を　見て、例のように　話しましょう。⑥日曜日の　予定は　自由に　書いてください。

4月のスケジュール

10日（月）	
11日（火）	① アルバイト
12日（水）	例）銀行
13日（木）	② レポート
14日（金）	③ 先輩と　銀座
15日（土）	④ やまもとさんと　新宿 ⑤ 映画
16日（日）	⑥（　　　　　　　　）

例）A：4月12日に　なにを　しますか。
　　B：（　銀行　）［　へ　］（　行きます　）。

① A：4月11日に　なにを　しますか。
　　B：（　　　　　）［　　］（　　　　　）。

② A：4月13日に　なにを　しますか。
　　B：（　　　　　）［　　］（　　　　　）。

③ A：4月14日に　先輩と　どこへ　行きますか。
　　B：（　　　　　）［　　］（　　　　　）。

④ A：4月15日に　やまもとさんと　どこへ　行きますか。
　　B：（　　　　　）［　　］（　　　　　）。

⑤ A：4月15日に　なにを　しますか。
　　B：（　　　　　）［　　］（　　　　　）。

⑥ A：4月16日に　なにを　しますか。
　　B：（　　　　　　　　　　　　　）。

はなしてみよう

5-5

いつ、なにを　しますか。スケジュール表（ひょう）を　見（み）て、言（い）いましょう。

8：00	①会社（かいしゃ）
9：00	仕事（しごと）
12：00	例（れい））定食屋（ていしょくや） ②昼ご飯（ひるごはん）
13：30	③銀行（ぎんこう）
15：00	④やまださん
17：30	家（いえ）
20：00	⑤日本語の勉強（にほんごのべんきょう）

例（れい））12：00

A：12時（じ）に　どこへ　行（い）きますか。

B：（　定食屋（ていしょくや）　）［ へ ］（　行（い）きます　）。

① 8：00

A：8時（じ）に　どこへ　行（い）きますか。

B：（　　　　　　）［　　］（　　　　　　）。

② 12：00

A：12時（じ）に　なにを　しますか。

B：（　　　　　　）［　　］（　　　　　　）。

③ 13：30

A：1時半（じはん）に　どこへ　行（い）きますか。

B：（　　　　　　）［　　］（　　　　　　）。

④ 15：00

A：3時（じ）に　だれと　会（あ）いますか。

B：（　　　　　　）［　　］（　　　　　　）。

⑤ 20：00

A：8時（じ）に　なにを　しますか。

B：（　　　　　　）［　　］（　　　　　　）。

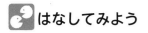

3 新幹線で　行きます。

かいてみよう　いってみよう　5-6

イラストを　見て、例のように　書きましょう。それから、書いた　文を　言いましょう。

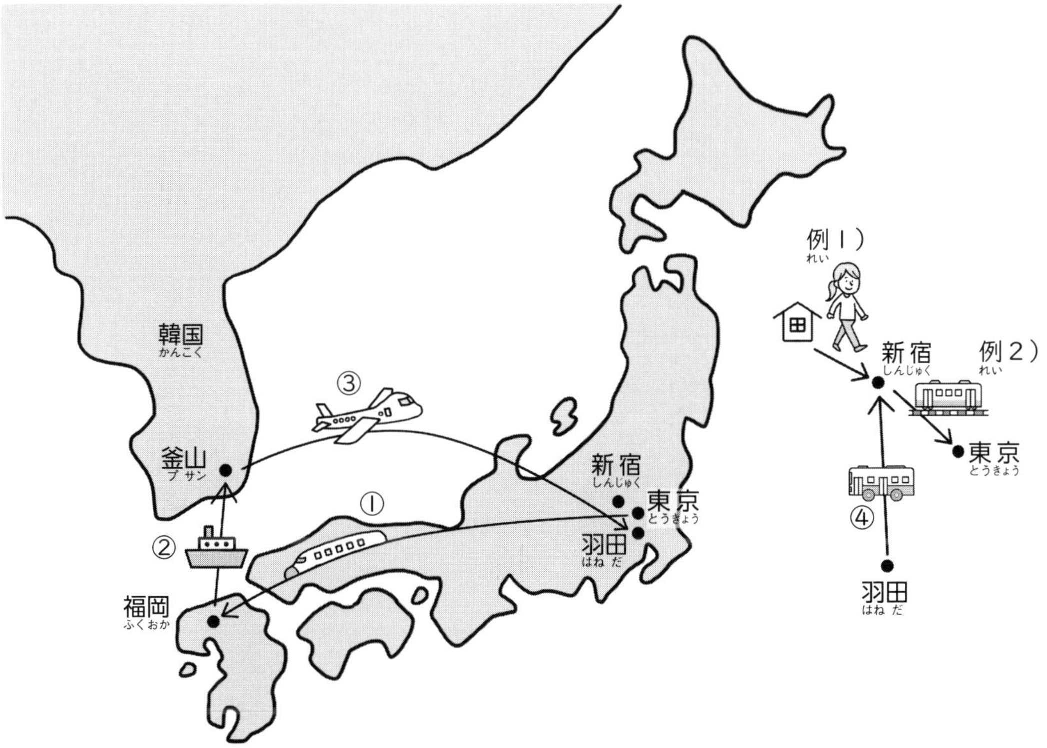

例１）（　歩いて　）［×］（　新宿　）［へ］　行きます。

例２）（　電車　）［で］（　東京駅　）［へ］　行きます。

①（　　　　）［　］（　　　　）［　］　行きます。

②（　　　　）［　］（　　　　）［　］　行きます。

③（　　　　）［　］（　　　　）［　］　行きます。

④（　　　　）［　］（　　　　）［　］　行きます。

きいてみよう　かいてみよう

音声(おんせい)を　聞(き)いて、例(れい)のように　書(か)きましょう。

例(れい)1）A：なにで　大阪(おおさか)へ　行(い)きますか。

B：（ 新幹線(しんかんせん) ）［ で ］（ 行(い)きます ）。

例(れい)2）A：なにで　家(いえ)へ　帰(かえ)りますか。

B：（ 歩(ある)いて ）［ × ］（ 帰(かえ)ります ）。

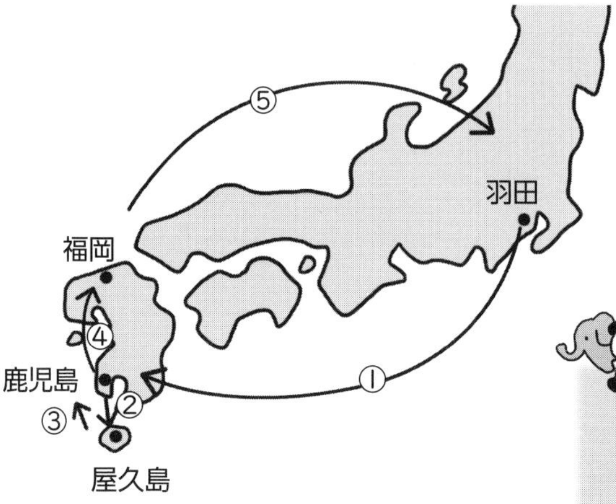

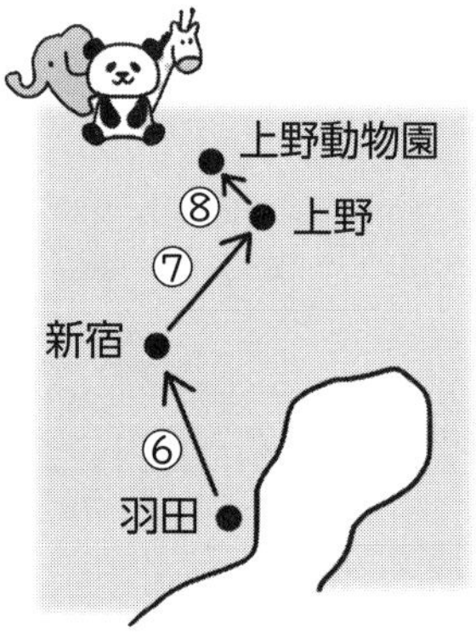

① A：なにで　鹿児島(かごしま)へ　行(い)きますか。

B：（　　　　）［　　］（　　　　）。

② A：なにで　屋久島(やくしま)へ　行(い)きますか。

B：（　　　　）［　　］（　　　　）。

③ A：なにで　鹿児島(かごしま)へ　行(い)きますか。

B：（　　　　）［　　］（　　　　）。

④ A：なにで　福岡(ふくおか)へ　行(い)きますか。

B：（　　　　）［　　］（　　　　）。

⑤ A：なにで　羽田(はねだ)へ　行(い)きますか。

B：（　　　　）［　　］（　　　　）。

⑥ A：なにで　新宿(しんじゅく)へ　行(い)きますか。

B：（　　　　）［　　］（　　　　）。

⑦ A：なにで　上野(うえの)へ　行(い)きますか。

B：（　　　　）［　　］（　　　　）。

⑧ A：なにで　上野動物園(うえのどうぶつえん)へ　行(い)きますか。

B：（　　　　）［　　］（　　　　）。

4　8月20日から　25日までです。

きいてみよう　かいてみよう　5-8

音声を　聞いて、例のように　書きましょう。

例）A：郵便局は　なん時から　なん時までですか。
　　B：（　9時　）から　（　5時　）までです。

① A：銀行は　なん時から　なん時までですか。
　B：（　　　　　）から　（　　　　　）までです。

② A：デパートは　なん時から　なん時までですか。
　B：（　　　　　）から　（　　　　　）までです。

③ A：美術館は　なん時から　なん時までですか。
　B：（　　　　　）から　（　　　　　）までです。

④ A：大使館は　なん時から　なん時までですか。
　B：（　　　　　）から　（　　　　　）までです。

⑤ A：ランチタイムは　なん時から　なん時までですか。
　B：（　　　　　）から　（　　　　　）までです。

⑥ A：漢字の　試験は　なん時から　なん時までですか。
　B：（　　　　　）から　（　　　　　）までです。

かいてみよう

5-9

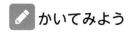

いつ、なにを　しますか。スケジュール表を　見て、書きましょう。

例）Ａ：なん時から　なん時まで　大学で　勉強を　しますか。

　　Ｂ：（　９時　）［から］（　１２時　）［まで］　します。

7：00	①起きます
8：00	大学
9：00 − 12：00	例）大学　勉強
12：00	昼ご飯
15：00	ＡＢＣ商事
15：30 − 16：30	②ＡＢＣ商事　会議
17：00	③家
18：00 − 18：30	晩ご飯
19：00 − 20：00	SNS
20：00 − 21：00	④グエンさん
21：30 − 22：30	ゲーム
23：00	⑤寝ます

① Ａ：なん時に　起きますか。

　Ｂ：（　　　　）［　　］（　　　　　　　　）。

② Ａ：なん時から　なん時まで　ＡＢＣ商事で　会議を　しますか。

　Ｂ：（　　　　）［　　　］（　　　　）［　　　］（　　　　　　　　　　　）。

③ Ａ：なん時に　家へ　帰りますか。

　Ｂ：（　　　　）［　　］（　　　　　　　　）。

④ Ａ：なん時から　なん時まで　グエンさんと　話しますか。

　Ｂ：（　　　　）［　　　］（　　　　）［　　　］（　　　　　　　　　　　）。

⑤ Ａ：なん時に　寝ますか。

　Ｂ：（　　　　）［　　］（　　　　　　　　）。

はなしてみよう

「グエンさんの　一日」を　見て、　左の　円に　自分の　一日を　書きましょう。それから、例の会話のように　クラスメイトに　質問し、右の　円に　クラスメイトの　一日を　書いてみましょう。どんな　一日ですか。自分の　一日と　比べて、話してみましょう。

グエンさんの　一日

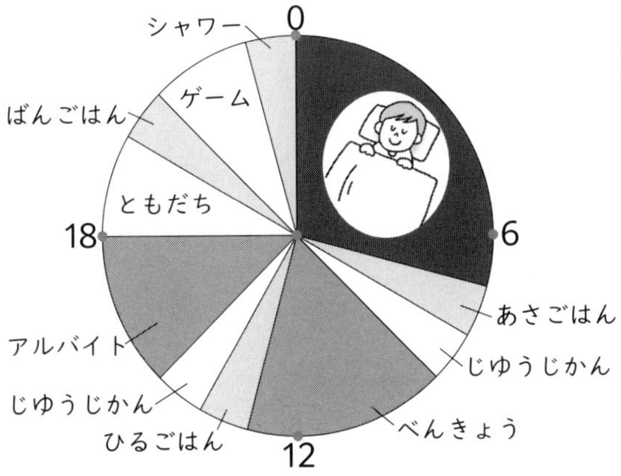

例）すずき：グエンさん、いつも　なん時に　起きますか。
　　グエン：7 時に　起きます。
　　すずき：それから、なにを　しますか。
　　グエン：大学で　勉強します。
　　すずき：なん時から　なん時まで　勉強しますか。
　　グエン：9 時から　1 時まで　勉強します。

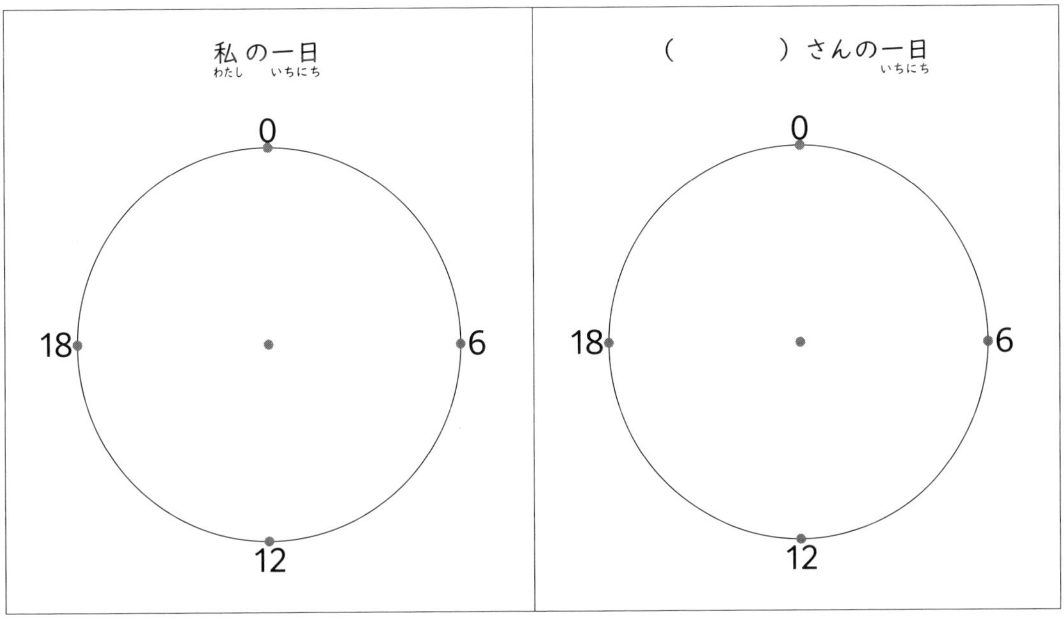

5 大阪から　東京まで　どのくらいですか。

きいてみよう　かいてみよう　5-11

音声を　聞いて、例のように　書きましょう。

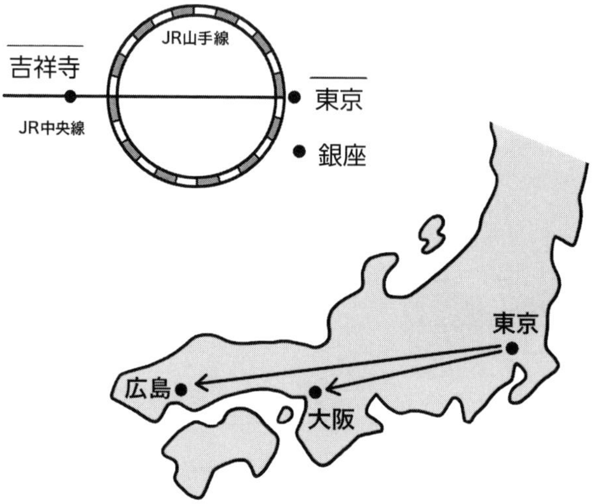

例）A：大阪まで　新幹線で　どのくらいですか。

　　B：（　2時間半　）ぐらいです。

① A：大阪まで　バスで　どのくらいですか。

　B：（　　　　　　）ぐらいです。

② A：広島まで　新幹線で　どのくらいですか。

　B：（　　　　　　）ぐらいです。

③ A：広島まで　飛行機で　どのくらいですか。

　B：（　　　　　　）ぐらいです。

④ A：東京駅から　銀座まで　地下鉄で　どのくらいですか。

　B：（　　　　　　）ぐらいです。

⑤ A：銀座まで　歩いて　どのくらいですか。

　B：（　　　　　　）ぐらいです。

⑥ A：東京駅から　吉祥寺まで　快速で　どのくらいですか。

　B：（　　　　　　）ぐらいです。

⑦ A：吉祥寺まで　各停で　どのくらいですか。

　B：（　　　　　　）ぐらいです。

⑧ A：（　　　　）さんの　家から　ここまで　どのくらいですか。

　B：（　　　　　　）ぐらいです。

きいてみよう　かいてみよう

5-12

音声(おんせい)を　聞(き)いて、例(れい)のように　書(か)きましょう。

例(れい)）A：すみません、ここから　鎌倉(かまくら)まで　どのくらい　かかりますか。

B：（　電車(でんしゃ)　）［で］　（　1時間(じかん)　）ぐらいです。

A：いくらぐらいですか。

B：（　800円(えん)　）ぐらいです。

① A：すみません、ここから　名古屋(なごや)まで　どのくらい　かかりますか。

B：（　　　　　　）［　　］　（　　　　　　）ぐらいです。

A：いくらぐらいですか。

B：（　　　　　　）ぐらいです

② A：すみません、ここから　美術館(びじゅつかん)まで　どのくらい　かかりますか。

B：（　　　　　　）［　　］　（　　　　　　）ぐらいです。

A：いくらぐらいですか。

B：（　　　　　　）ぐらいです。

③ A：すみません、ここから　横浜駅(よこはまえき)まで　どのくらい　かかりますか。

B：（　　　　　　）［　　］　（　　　　　　）ぐらいです。

A：いくらぐらいですか。

B：（　　　　　　）ぐらいです。

④ A：すみません、横浜駅(よこはまえき)から　中華街(ちゅうかがい)まで　どのくらい　かかりますか。

B：（　　　　　　）［　　］　（　　　　　　）ぐらいです。

A：いくらぐらいですか。

B：（　　　　　　）ぐらいです。

⑤ A：すみません、ここから　新宿駅(しんじゅくえき)まで　どのくらい　かかりますか。

B：（　　　　　　）［　　］　（　　　　　　）ぐらいです。

A：いくらぐらいですか。

B：（　　　　　）ぐらいです。

⑥ A：すみません、ここから　新宿駅東口(しんじゅくえきひがしぐち)まで　どのくらい　かかりますか。

B：（　　　　　　）［　　］　（　　　　　　）ぐらいです。

それから（　　　　　　）［　　］　（　　　　　　）ぐらいです。

A：ありがとう　ございます。

6 東京で　グエンさんと　会いたいです。

かいてみよう

5-13

イラストを　見て、例のように　書きましょう。

例1）（　お寿司　）が　（　食べたいです　）。

例2）（　パソコン　）が　（　欲しいです　）。

①（　　　　）□（　　　　）。

②（　　　　）□（　　　　）。

③（　　　　）□（　　　　）。

④（　　　　）□（　　　　）。

⑤（　　　　）□（　　　　）。

⑥（　　　　）□（　　　　）。

⑦（　　　　）□（　　　　）。

⑧ ゆっくり（　　　　）。

①

②

③

④

⑤

⑥

⑦

⑧

しつもんしてみよう

5-14

クラスメイトに　質問しましょう。

例）（　　　　）さん、今　なにが　欲しいですか。なにが　したいですか。

私	（　　　）さん	（　　　）さん	（　　　）さん

チャレンジ！

よんでみよう　かいてみよう　5-15

どこへ　行(い)ってみたいですか。インターネットで　調(しら)べて、表(ひょう)に　書(か)きましょう。それから、例(れい)のように　理想(りそう)の　旅行(りょこう)を　書(か)きましょう。

	例(れい)）	私(わたし)
どこへ	大阪(おおさか)	
なにで	飛行機(ひこうき)	
どのくらい	5時間(じかん)ぐらい	
有名(ゆうめい)な　もの	大阪城(おおさかじょう)、USJ	
だれと	彼女(かのじょ)	

例(れい)）私(わたし)は　大阪(おおさか)へ　行(い)きたいです。
ハノイから　大阪(おおさか)まで　飛行機(ひこうき)で　5時間(じかん)ぐらいです。
大阪(おおさか)で　大阪城(おおさかじょう)が　見(み)たいです。それから、ＵＳＪへ　行(い)きたいです。
彼女(かのじょ)と　行(い)きたいです。
彼女(かのじょ)が　欲(ほ)しいです。

第5課

第(だい)6課(か)

私(わたし)の町(まち)は静(しず)かです

〈web で〉

グエンさんと　鈴木(すずき)さんは　出身地(しゅっしんち)について　話(はな)しています。
二人(ふたり)の　出身地(しゅっしんち)は　どんな　ところでしょうか。

会話（かいわ）

鈴木（すずき）：グエンさん、出身（しゅっしん）は　ベトナムの　どこですか。

グエン：ハノイです。私（わたし）の　町（まち）は　ハノイの　北（きた）に　あります。
鈴木（すずき）さんは？

鈴木（すずき）：京都（きょうと）です。

グエン：京都（きょうと）は　有名（ゆうめい）な　町（まち）ですね。

鈴木（すずき）：ええ。でも、私（わたし）の　町（まち）は　京都市（きょうとし）じゃありません。
京都市（きょうとし）の　北（きた）に　あります。私（わたし）の　町（まち）は　静（しず）かです。

グエン：私（わたし）の　町（まち）も　静（しず）かです。そして、緑（みどり）が　多（おお）いです。

学習項目（がくしゅうこうもく）

1. 私（わたし）の　町（まち）は　ハノイの　北（きた）（場所（ばしょ））に　あります。
2. 京都（きょうと）は　有名（ゆうめい）な　町（まち）です。
3. 私（わたし）の　町（まち）は　静（しず）かです。私（わたし）の　町（まち）は　大（おお）きいです。
4. 私（わたし）の　町（まち）は　緑（みどり）が　多（おお）いです。
5. でも、私（わたし）の　町（まち）は　京都市（きょうとし）じゃありません。
私（わたし）の　町（まち）も　静（しず）かです。そして、緑（みどり）が　多（おお）いです。

練習(れんしゅう)

1　私(わたし)の　町(まち)は　ハノイの　北(きた)（場所(ばしょ)）に　あります。

いってみよう

6-1

イラストを　見(み)て、例(れい)のように　言(い)いましょう。

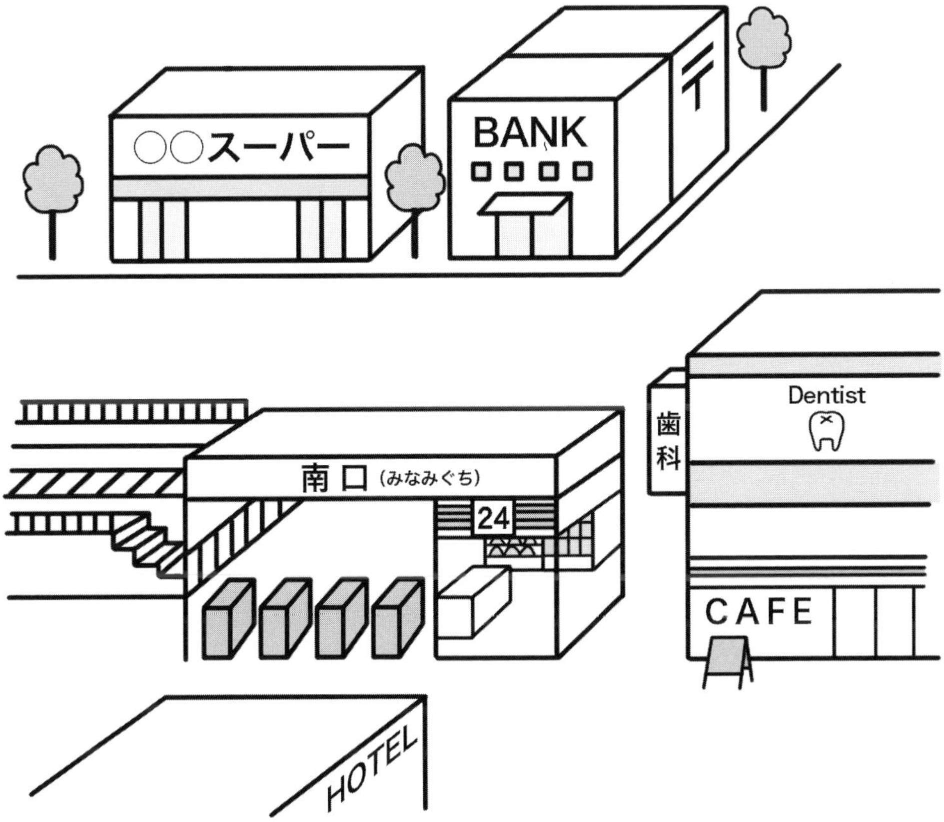

例(れい)）ホテルは　駅(えき)［ の ］（ 南(みなみ) ）［ に ］ あります。

① 銀行(ぎんこう)は　駅(えき)［　　］（　　　　　）［　　］ あります
② コンビニは　駅(えき)［　　］（　　　　　）［　　］ あります。
③ カフェは　駅(えき)［　　］（　　　　　）［　　］ あります。
④ 郵便局(ゆうびんきょく)は　銀行(ぎんこう)［　　］（　　　　　）［　　］ あります。
⑤ スーパーは　銀行(ぎんこう)［　　］（　　　　　）［　　］ あります。
⑥ 歯医者(はいしゃ)は　カフェ［　　］（　　　　　）［　　］ あります。

きいてみよう　かいてみよう

音声(おんせい)を　聞(き)いて、例(れい)のように　書(か)きましょう。

例(れい)）A：すみません、コンビニは　どこに　ありますか。

　　B：（　駅(えき)　）［ の ］　（　横(よこ)　）［ に ］　ありますよ。

① A：すみません、トイレは　どこに　ありますか。

　B：（　　　　　）［　　］（　　　　）［　　］　ありますよ。

② A：すみません、この　焼肉屋(やきにくや)は　どこに　ありますか。

　B：あ、「焼肉一番(やきにくいちばん)」ですね。

　（　　　　　）［　　］（　　　　）［　　］　ありますよ。

③ A：すみません、この　美術館(びじゅつかん)は　どこに　ありますか。

　B：あ、あそこです。あの（　　　　　）［　　］（　　　　）［　　］　ありますよ。

④ A：すみません、バス停(てい)は　どこに　ありますか。

　B：どこへ　行(い)きますか。

　A：水族館(すいぞくかん)へ　行(い)きます。

　B：あ、水族館(すいぞくかん)ですね。（　　　　　）［　　］（　　　　）［　　］　ありますよ。

⑤ A：すみません、タクシー乗(の)り場(ば)は　どこに　ありますか。

　B：（　　　　　）［　　］（　　　　）［　　］　ありますよ。

⑥ A：すみません、この　ホテルは　どこに　ありますか。

　B：「ステーションホテル」ですね。

　あの（　　　　　）［　　］（　　　　）［　　］　ありますよ。

①〜⑥の 場所(ばしょ)は どこに ありますか。地図(ちず)の（　）に ①〜⑥を 書(か)きましょう。

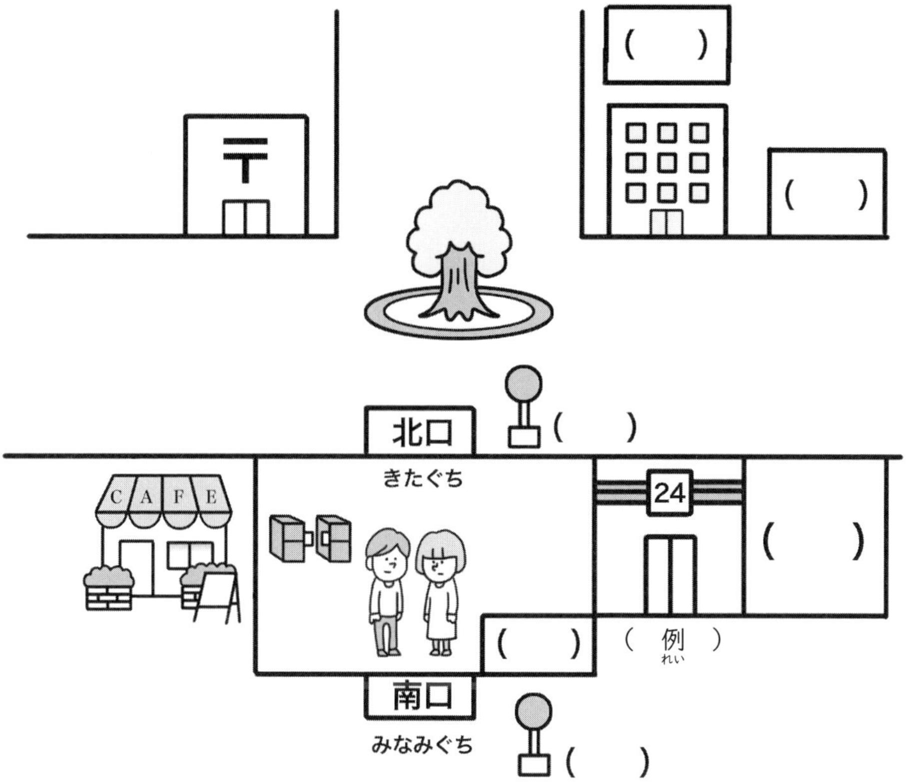

2 京都は　有名な　町です。

かいてみよう　はなしてみよう

6-3

□から　好きな言葉を　選んで、例のように　書きましょう。

古い	新しい	有名な	きれいな
大きい	小さい	おいしい	甘い
辛い	高い	低い	

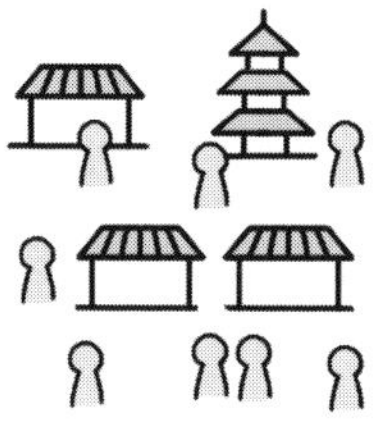

例）京都は　（　古い　）町です。
　　京都は　（　有名な　）町です。

① 富士山は　（　　　　　　　　）　山です。
② 富士山は　（　　　　　　　　）　山です。

③ 東京は　（　　　　　　　　）　町です。
④ 東京は　（　　　　　　　　）　町です。

⑤ 桜は　（　　　　　　　　）　花です。
⑥ 桜は　（　　　　　　　　）　花です。

⑦ どら焼きは　（　　　　　　　　）　お菓子です。

自分の　国の　有名な　ところ、花、食べ物などについて、話しましょう。

① 有名な　町：（　　　　　　　）
　（　　　　　　）は　（　　　　　　）町です。

② 有名な　花・食べ物：（　　　　　　　）
　（　　　　　　）は　（　　　　　　）花・食べ物です。

きいてみよう　かいてみよう

6-4

音声(おんせい)を　聞(き)いて、例(れい)のように　書(か)きましょう。

例(れい)）Ａ：やまださんは　どんな　先輩(せんぱい)ですか。

　　Ｂ：（　優(やさ)しい　）　先輩(せんぱい)です。

① Ａ：　さとうさんの　町(まち)は　どんな　町(まち)ですか。

　Ｂ：　（　　　　　　　　）　町(まち)です。

② Ａ：　この　映画(えいが)は　どんな　映画(えいが)ですか。

　Ｂ：　（　　　　　　　　）　映画(えいが)です。

③ Ａ：　これは　どんな　ゲームですか。

　Ｂ：　（　　　　　　　　）　ゲームです。

④ Ａ：　日本語(にほんご)の　先生(せんせい)は　どんな　先生(せんせい)ですか。

　Ｂ：　（　　　　　　　　）先生(せんせい)です。

⑤ Ａ：　将棋(しょうぎ)は　どんな　ゲームですか。

　Ｂ：　（　　　　　　　　）　ゲームです。

⑥ Ａ：　なかむらさんは　どんな　方(かた)ですか。

　Ｂ：　（　　　　　　　　）　方(かた)です。

自分(じぶん)の　町(まち)や　先生(せんせい)、友達(ともだち)などについて、クラスメイトと　話(はな)しましょう。

3 私の　町は　静かです。私の　町は　大きいです。

かいてみよう

6-5

イラストを　見て、例のように　書きましょう。

例） a この　本は　（　新しい　）です。
　　 b この　本は　（　古い　）です。

a 

b 

① a この　車は　（　　　　）です。
　 b この　車は　（　　　　）です。

a 

b 

② a この　車は　（　　　　）です。
　 b この　車は　（　　　　）です。

a 

b 

③ a この　車は　（　　　　）です。
　 b この　車は　（　　　　）です。

a 

b 

④ a この　部屋は　（　　　　）です。
　 b この　部屋は　（　　　　）です。

a 

b 

⑤ a この　部屋は　（　　　　）です。
　 b この　部屋は　（　　　　）です。

a 

b 

⑥ a この　本は　（　　　　）です。
　 b この　本は　（　　　　）です。

a 

b 

きいてみよう　かいてみよう

6-6

音声(おんせい)を　聞(き)いて、例(れい)のように　書(か)きましょう。

例(れい)1）A：日本語(にほんご)の　勉強(べんきょう)は　（　難(むずか)しいです　）か。
　　　B：（（はい）・　いいえ　）、（　難(むずか)しいです　）。

例(れい)2）A：ひらがなは　（　難(むずか)しいです　）か。
　　　B：（　はい　・（いいえ））、（　難(むずか)しくないです　）。

① A：日本(にほん)の　食(た)べ物(もの)は　（　　　　　　　）か。
　B：（　はい　・　いいえ　）、（　　　　　　　　　　）。

② A：日本(にほん)の　食(た)べ物(もの)は　（　　　　　　　）か。
　B：（　はい　・　いいえ　）、（　　　　　　　　　　）。

③ A：漢字(かんじ)の　勉強(べんきょう)は　（　　　　　　　）か。
　B：（　はい　・　いいえ　）、（　　　　　　　　　　）。

④ A：さとうさんの　部屋(へや)は　（　　　　　　　）か。
　B：（　はい　・　いいえ　）、（　　　　　　　　　　）。

⑤ A：宿題(しゅくだい)は　（　　　　　　　）か。
　B：（　はい　・　いいえ　）、（　　　　　　　　　　）。

⑥ A：仕事(しごと)は　（　　　　　　　）か。
　B：（　はい　・　いいえ　）、（　　　　　　　　　　）。

①～⑥について　クラスメイトに　質問(しつもん)しましょう。

4 私(わたし)の　町(まち)は　緑(みどり)が　多(おお)いです。

かいてみよう

6-7

イラストや　表(ひょう)を　見(み)て、例(れい)のように　書(か)きましょう。

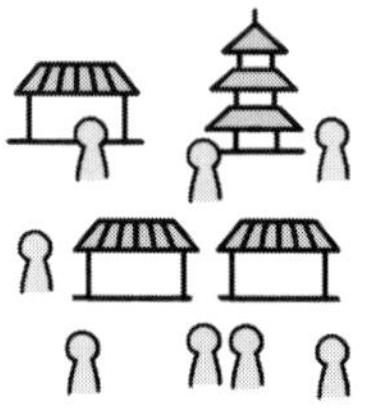

例）京都(きょうと)

① 新宿(しんじゅく)

	三友商事(みつともしょうじ)	ABC商事(しょうじ)
給料(きゅうりょう)	② 30万円(まんえん)	18万円(まんえん)
休(やす)み	③ 12日(にち)／年(ねん)	④ 20日(はつか)／年(ねん)
寮(りょう)	⑤築(ちく)30年(ねん)	⑥築(ちく)2年(ねん)
社員(しゃいん)	⑦ 2000人(にん)	500人(にん)

例）京都(きょうと)［ は ］（ お寺(てら) ）［ が ］（ 多(おお)いです ）。

① 新宿(しんじゅく)［　　］（　　　　）［　　］（　　　　　　）。
② 三友商事(みつともしょうじ)［　　］（　　　　）［　　］（　　　　　　）。
③ 三友商事(みつともしょうじ)［　　］（　　　　）［　　］（　　　　　　）。
④ ABC商事(しょうじ)［　　］（　　　　）［　　］（　　　　　　）。
⑤ 三友商事(みつともしょうじ)［　　］（　　　　）［　　］（　　　　　　）。
⑥ ABC商事(しょうじ)［　　］（　　　　）［　　］（　　　　　　）。
⑦ 三友商事(みつともしょうじ)［　　］（　　　　）［　　］（　　　　　　）。

はなしてみよう

6-8

自分(じぶん)の　町(まち)、学校(がっこう)、会社(かいしゃ)などについて　話(はな)してみましょう。

① 私(わたし)の　町(まち)は　（　　　　　　）が　（　　　　　　）です。
② 私(わたし)の　町(まち)は　（　　　　　　）が　（　　　　　　）です。
③ 私(わたし)の　学校(がっこう)／会社(かいしゃ)／子どもの　学校(がっこう)は　（　　　　　　）が　（　　　　　　）です。
④ 私(わたし)の　学校(がっこう)／会社(かいしゃ)／子どもの　学校(がっこう)は　（　　　　　　）が　（　　　　　　）です。

5	でも、私の　町は　京都市じゃありません。 私の　町も　静かです。そして、緑が　多いです。

かいてみよう

6-9

「そして」と　「でも」と　どちらが　正しいですか。（　）に　書きましょう。

例１）富士山は　有名です。（　そして　）、高いです。

例２）私の　アパートは　広いです。（　でも　）、古いです。

① この　本は　難しいです。（　　　　　）、いい　本です。

② 日本の　食べ物は　おいしいです。（　　　　　）、高いです。

③ やまもとさんは　親切です。（　　　　　）、優しいです。

④ 北海道は　広いです。（　　　　　）、食べ物が　おいしいです。

⑤ ＡＢＣ商事は　休みが　多いです。（　　　　　）、給料が　安いです。

⑥ 沖縄は　海が　きれいです。（　　　　　）、台風が　多いです。

きいてみよう　かいてみよう

6-10

音声を　聞いて、例のように　書きましょう。

例）Ａ：日本の　食べ物は　どうですか。

　　Ｂ：（　おいしいです　）。（　そして　・（でも））、（　高いです　）ね。

① Ａ：　日本語の　勉強は　どうですか。

　　Ｂ：　（　　　　　　　）。（　そして　・　でも　）、漢字が（　　　　　）ね。

② Ａ：　宿題は　どうですか。

　　Ｂ：　（　　　　　　　）。（　そして　・　でも　）、（　　　　　　　）よ。

③ Ａ：　学校は　どうですか。

　　Ｂ：　友達が（　　　　　）。（　そして　・　でも　）、先生も（　　　　　）よ。

④ Ａ：　日本の　アニメは　どうですか。

　　Ｂ：　（　　　　　　　）。（　そして　・　でも　）、絵が（　　　　　）ね。

⑤ Ａ：　毎日の　生活は　どうですか。

　　Ｂ：　（　　　　　　　）。（　そして　・　でも　）、（　　　　　　　）よ。

クラスメイトに　質問しましょう。

チャレンジ！

よんでみよう　はなしてみよう

6-11

さくら日本語学校と　おおさか日本語アカデミーは　どんな　学校ですか。カードを　見て、例のように　話しましょう。

A：

さくら日本語学校

公園の　近くに　あります
新しいです
宿題が　多いです
テストが　少ないです
教室が　狭いです
学生が　少ないです
先生が　優しいです

B：

おおさか日本語アカデミー

駅の　近くに　あります
古いです
宿題が　少ないです
毎日　テストが　あります
教室が　広いです
学生が　多いです
先生が　厳しいです

例）どこに ありますか。	さくら日本語学校は　（　公園の　近くに　あります　）。 おおさか日本語アカデミーは　（　駅の　近くに　あります　）。
① 学校は 新しいですか。	さくら日本語学校は　（　　　　　　　　　　）。 おおさか日本語アカデミーは　（　　　　　　　　　　）。
② 宿題は 少ないですか。	さくら日本語学校は　（　　　　　　　　　　）。 おおさか日本語アカデミーは　（　　　　　　　　　　）。
③ テストは 多いですか。	さくら日本語学校は　（　　　　　　　　　　）。 おおさか日本語アカデミーは　（　　　　　　　　　　）。
④ 教室は 狭いですか。	さくら日本語学校は　（　　　　　　　　　　）。 おおさか日本語アカデミーは　（　　　　　　　　　　）。
⑤ 学生は 多いですか。	さくら日本語学校は　（　　　　　　　　　　）。 おおさか日本語アカデミーは　（　　　　　　　　　　）。
⑥ 先生は どうですか。	さくら日本語学校は　（　　　　　　　　　　）。 おおさか日本語アカデミーは　（　　　　　　　　　　）。

はなしてみよう

6-12

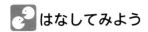

今　勉強している　学校は　どんな　学校ですか。今　住んでいる　町は　どんな　町ですか。学校、会社、町などについて、クラスメイトと　話してみましょう。

第7課

お好み焼きを食べました

〈東京駅で〉

グエンさんは　初めて　日本へ　来ました。
最初、大阪へ　行って、それから　東京へ　行きました。
そして　鈴木さんと　東京駅で　会いました。
二人は　なにを　話しているでしょうか。

会話(かいわ)

鈴木(すずき)：グエンさん！　こっちです。

グエン：あっ、鈴木(すずき)さん！　こんにちは。

鈴木(すずき)：東京(とうきょう)へ　ようこそ。大阪(おおさか)は　どうでしたか。

グエン：暑(あつ)かったです。日本(にほん)は　ベトナムより　暑(あつ)いですね。
ハノイは　あまり　暑(あつ)くなかったです。

鈴木(すずき)：そうですか。日本(にほん)の　夏(なつ)は　暑(あつ)いですね。
大阪(おおさか)で　なにを　しましたか。

グエン：大阪城(おおさかじょう)へ　行(い)きました。大阪城(おおさかじょう)で　たくさん　写真(しゃしん)を　撮(と)りました。
これです。

鈴木(すずき)：わあ、いい　写真(しゃしん)ですね。これ、お好(この)み焼(や)きですね。

グエン：はい、お好(この)み焼(や)きを　食(た)べました。とても　おいしかったです。

鈴木(すずき)：じゃ、東京(とうきょう)では　もんじゃを　食(た)べましょう。

グエン：もん？

鈴木(すずき)：もんじゃです。

グエン：もんじゃって　なんですか。

鈴木(すずき)：もんじゃは　食(た)べ物(もの)です。お好(この)み焼(や)きに　似(に)ています。

グエン：へえ、初(はじ)めてです。日本(にほん)の　食(た)べ物(もの)は　おいしいですから、楽(たの)しみです。

学習項目(がくしゅうこうもく)

1. お好(この)み焼(や)きを　食(た)べました。
2. おいしかったです。
3. あまり　暑(あつ)くなかったです。
4. どうでしたか。
5. 日本(にほん)は　ベトナムより　暑(あつ)いですね。
6. 東京(とうきょう)では　もんじゃを　食(た)べましょう。

練習

1　お好み焼きを　食べました。

いってみよう　きいてみよう　7-1

いつ　なにを　しましたか。イラストを　見て、例のように　言いましょう。それから、音声を聞きましょう。

例）昨日、日本語を　勉強しました。

例）昨日

① おととい

② けさ

③ 日曜日

④ 昨日

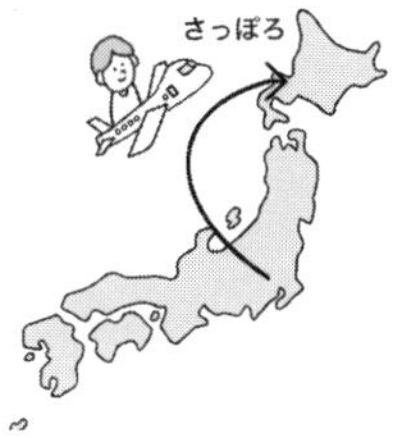

⑤ 先月

⑥ 先週

⑦ おととい

⑧ けさ

きいてみよう　はなしてみよう

音声(おんせい)を　聞(き)いて、例(れい)のように　書(か)きましょう。それから、二人(ふたり)で　話(はな)してみましょう。

例(れい)１）Ａ：日曜日(にちようび)、日本語(にほんご)を　勉強(べんきょう)しました。
　　　　Ｂ：そうですか。私(わたし)は（　勉強(べんきょう)しませんでした　）。

例(れい)２）Ａ：日曜日(にちようび)、日本語(にほんご)を　勉強(べんきょう)しました。
　　　　Ｂ：そうですか。私(わたし)も（　勉強(べんきょう)しました　）。

① Ａ：昨日(きのう)、スーパーで　買(か)い物(もの)しました。
　 Ｂ：そうですか。私(わたし)も（　　　　　　　　　）。

② Ａ：先週(せんしゅう)、かとう先生(せんせい)と　会(あ)いました。
　 Ｂ：そうですか。私(わたし)は（　　　　　　　　　）。

③ Ａ：おととい、ヤンさんの　誕生日(たんじょうび)パーティーへ　行(い)きました。
　 Ｂ：そうですか。私(わたし)は（　　　　　　　　　）。

④ Ａ：昨日(きのう)の　晩(ばん)、寿司(すし)を　食(た)べました。
　 Ｂ：そうですか。私(わたし)も（　　　　　　　　　）。

⑤ Ａ：週末(しゅうまつ)、アメリカの　ドラマを　見(み)ました。
　 Ｂ：そうですか。私(わたし)は（　　　　　　　　　）。
　　 韓国(かんこく)の　ドラマを（　　　　　　）。

⑥ Ａ：さっき、コーヒーを　飲(の)みました。
　 Ｂ：そうですか。私(わたし)は（　　　　　　　　　）。
　　 紅茶(こうちゃ)を（　　　　　　）。

⑦ Ａ：日曜日(にちようび)、サッカーの　試合(しあい)を　見(み)ました。
　 Ｂ：そうですか。私(わたし)も（　　　　　　　　　）。

2 おいしかったです。

第7課

かいてみよう　いってみよう　7-3

例を　見て、（　）に　答えを　書きましょう。それから、書いた　言葉を　言いましょう。

例1）大きいです（　大きかったです　）
例2）元気です　（　元気でした　）

① 小さいです（　　　　　）
② 新しいです（　　　　　）
③ 古いです（　　　　　）
④ 静かです（　　　　　）
⑤ 雨です（　　　　　）
⑥ いいです（　　　　　）
⑦ 有名です（　　　　　）
⑧ 暖かいです（　　　　　）
⑨ 寒いです（　　　　　）
⑩ にぎやかです（　　　　　）
⑪ きれいです（　　　　　）
⑫ 近いです（　　　　　）
⑬ 遠いです（　　　　　）
⑭ いい　天気です（　　　　　）
⑮ 安いです（　　　　　）

かいてみよう　7-4

□から　言葉を　選んで、例のように　書きましょう。

例1）大阪は（　暑かったです　）。
例2）大阪駅前は（　にぎやかでした　）。

① お好み焼きは（　　　　　）。
② 大阪城は（　　　　　）。
③ なんば駅は　人が（　　　　　）。
④ 天気は（　　　　　）。
⑤ 大阪の　人は（　　　　　）。
⑥ 新幹線は（　　　　　）。でも、チケットは（　　　　　）。

~~暑いです~~	~~にぎやかです~~	多いです
速いです	おいしいです	高いです
親切です	きれいです	いいです

3 あまり 暑(あつ)くなかったです。

はなしてみよう

7-5

例(れい)のように 話(はな)しましょう。

例(れい)） A：あの レストランの 料理(りょうり)は おいしかったですか。

B：いいえ、（ おいしくなかったです ）。

① A：安(やす)かったですか。

B：いいえ、あまり（ ）。

② A：店(みせ)は 静(しず)かでしたか。

B：いいえ、（ ）。

③ A：店員(てんいん)は 親切(しんせつ)でしたか。

B：いいえ、（ ）。

④ A：客(きゃく)は 多(おお)かったですか。

B：いいえ、（ ）。

⑤ A：ワインは おいしかったですか。

B：いいえ、あまり（ ）。

⑥ A：ステーキは 日本(にほん)の 肉(にく)でしたか。

B：いいえ、（ ）。

⑦ A：サービスは よかったですか。

B：いいえ、（ ）。

かいてみよう　はなしてみよう

例を　見て、（　）に　答えを　書きましょう。それから、二人で　話しましょう。

例１）昨日の　映画・おもしろいです・はい
　　A：（　昨日の　映画　）は　（　おもしろかったですか　）。
　　B：（　はい　）、（　おもしろかったです　）。

例２）映画館・にぎやか・いいえ、あまり
　　A：（　映画館　）は（　にぎやかでしたか　）。
　　B：（　いいえ　）、（　あまり　にぎやかじゃありませんでした　）。

① 先週の　試験・難しい・いいえ、あまり
　A：（　　　　　　　）は　（　　　　　　　　　）。
　B：（　　　　　　　）、（　　　　　　　　　　　　）。

② 昨日の　試験の　点・いい・いいえ、あまり
　A：（　　　　　　　）は　（　　　　　　　　　）。
　B：（　　　　　　　）、（　　　　　　　　　　　　）。

③ 週末・忙しい・はい
　A：（　　　　　　　）は　（　　　　　　　　　）。
　B：（　　　　　　　）、（　　　　　　　　　）。　引っ越しを　しました。

④ 引っ越し・大変・はい、　とても
　A：（　　　　　　　）は　（　　　　　　　　　）。
　B：（　　　　　　　）、（　　　　　　　　　　　　）。

⑤ 昨日・休み・はい
　A：（　　　　　　　）は　（　　　　　　　　　）。
　B：（　　　　　　　）、（　　　　　　　　　）。　映画を　見ました。

⑥ 映画・おもしろい・いいえ、あまり
　A：（　　　　　　　）は　（　　　　　　　　　）。
　B：（　　　　　　　）、（　　　　　　　　　　　　）。

4 どうでしたか。

はなしてみよう

7-7

例(れい)のように　話(はな)しましょう。

例(れい)）とても・おいしい

A：昨日(きのう)、初(はじ)めて　お寿司(すし)を　食(た)べました。

B：へえ、（　どうでしたか　）。

A：（　とても　おいしかったです　）。

① とても・簡単(かんたん)

A：昨日(きのう)、漢字(かんじ)の　テストでした。

B：へえ、（　　　　　　　　　　）。

A：（　　　　　　　　　　　　　　　）。

② あまり・おもしろい

A：昨日(きのう)、野球(やきゅう)の　試合(しあい)を　見(み)ました。

B：へえ、（　　　　　　　　　　）。

A：（　　　　　　　　　　　　　　　）。

③ とても・辛(から)い

A：昨日(きのう)、韓国料理(かんこくりょうり)を　食(た)べました。

B：へえ、（　　　　　　　　　　）。

A：（　　　　　　　　　　　　　　　）。

④ とても・きれい

A：昨日(きのう)、初(はじ)めて　花火(はなび)を　見(み)ました。

B：へえ、（　　　　　　　　　　）。

A：（　　　　　　　　　　　　　　　）。

⑤ あまり・広(ひろ)い

A：昨日(きのう)、しみずさんの　うちへ　行(い)きました。

B：へえ、（　　　　　　　　　　）。

A：（　　　　　　　　　　　　　　　）。

⑥ あまり・楽(たの)しい

A：昨日(きのう)、会社(かいしゃ)の　飲(の)み会(かい)へ　行(い)きました。

B：へえ、（　　　　　　　　　　）。

A：（　　　　　　　　　　　　　　　）。

昨日(きのう)　なにを　しましたか。クラスメイトと　話(はな)してみましょう。

5 日本は　ベトナムより　暑いですね。

きいてみよう　かいてみよう

7-8

音声を　聞いて、例のように　書きましょう。

例）

①

②

③

④
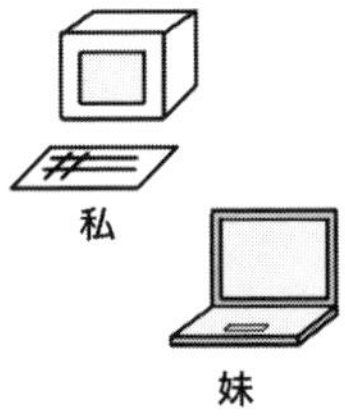

⑤

⑥

⑦

例）スカイツリー［ は ］　東京タワー［ より ］（　高いです　）。

① 2月［　　］　11月［　　］（　　　　　　）。
② インドの　カレー［　　］　日本の　カレー［　　］（　　　　　　）。
③ うちの　いぬ［　　］　その　いぬ［　　］（　　　　　　）。
④ 私の　パソコン［　　］　妹の　パソコン［　　］（　　　　　　）。
⑤ 大阪［　　］　奈良［　　］（　　　　　　）。
⑥ あの　女の　子［　　］　あの　男の　子［　　］　背が（　　　　　　）。
⑦ 東京タワー［　　］　スカイツリー［　　］（　　　　　　）。

かいてみよう

□の　中の　言葉を　使って、自分の　国の　有名な　ものや　場所を　説明しましょう。

例）（　Macau Tower　）は　（　東京タワー　）より　（　高いです　）。

①（　　　　　　　　　　）は　（　　　　　　　　）より
　（　　　　　　　　）。

②（　　　　　　　　　　）は　（　　　　　　　　）より
　（　　　　　　　　）。

③（　　　　　　　　　　）は　（　　　　　　　　）より
　（　　　　　　　　）。

きれいです	有名です	おもしろいです	高いです
安いです	新しいです	にぎやかです	大きいです

6 東京では　もんじゃを　食べましょう。

かいてみよう　はなしてみよう　7-10

□から　言葉を　選んで、例のように　書きましょう。それから、二人で　話しましょう。

例）A：大阪で　お好み焼きを　食べました。
　　B：じゃ、東京では　もんじゃを（　食べましょう　）。

① A：疲れました。
　 B：じゃ、あの　喫茶店で　少し　（　　　　　　　　）。

② A：新しい　パソコンを　買いたいです。
　 B：じゃ、明日　秋葉原へ　（　　　　　　　　）。

③ A：あ、バスの　時間に　間に合いませんね。
　 B：じゃ、タクシーに　（　　　　　　　　）。

④ A：今日は　雨が　降りますよ。
　 B：じゃ、傘を　（　　　　　　　　）。

⑤ A：来週　たかはしさんの　誕生日ですよ。
　 B：じゃ、なにか　プレゼントを　（　　　　　　　　）。

⑥ A：試験が　終わりました！
　 B：じゃ、今晩　ビールを　たくさん　（　　　　　　　　）。

~~食べます~~	買います	持っていきます	休みます
乗ります	飲みます	行きます	

チャレンジ！

かいてみよう

7-11

「初(はじ)めて」 した ことを 書(か)きましょう。

いつ	どこで	なにを	どうでしたか
例(れい)）先週(せんしゅう)	友達(ともだち)の うち	すき焼(や)きを 食(た)べました	甘(あま)かったです びっくりしました おいしかったです

はなしてみよう

7-12

7-11 で 書(か)いた「初(はじ)めて」したことについて、例(れい)のように、クラスメイトと 話(はな)しましょう。

例(れい)） A：先週(せんしゅう)、友達(ともだち)の うちで 初(はじ)めて すき焼(や)きを 食(た)べました。
B：へえ、そうですか。どうでしたか。
A：甘(あま)かったです。びっくりしました。でも、とても おいしかったですよ。
B：へえ、いいですね。私(わたし)も 食(た)べたいです。

第8課

お寿司が好きです

〈浅草で〉

グエンさんと　鈴木さんは　浅草に　来ています。
二人は　おなかが　すきました。
これから　なにを　食べるでしょうか。

会話(かいわ)

グエン：わあ、浅草(あさくさ)は　にぎやかですね。

鈴(すず)　木(き)：はい。浅草(あさくさ)は　いつも　人(ひと)が　多(おお)いですよ。
おなかが　すきましたね。昼(ひる)ご飯(はん)を　食(た)べませんか。

グエン：そうですね。

鈴(すず)　木(き)：お寿司(すし)と　天(てん)ぷらと　どちらが　好(す)きですか。

グエン：天(てん)ぷらのほうが　好(す)きです。
生(なま)の　魚(さかな)が　少(すこ)し　苦手(にがて)ですから……。
鈴木(すずき)さんは　お寿司(すし)が　好(す)きですか。

鈴(すず)　木(き)：はい、好(す)きです。
回転寿司(かいてんずし)は　安(やす)いですから、よく　行(い)きます。

グエン：ベトナムにも　回転寿司(かいてんずし)が　ありますよ。

鈴(すず)　木(き)：へえ、そうですか。

グエン：それから　回転鍋(かいてんなべ)も　ありますよ。

鈴(すず)　木(き)：え！　鍋(なべ)ですか？

学習項目(がくしゅうこうもく)

1. 昼(ひる)ご飯(はん)を　食(た)べませんか。
2. お寿司(すし)が　好(す)きです。
3. お寿司(すし)と　天(てん)ぷらと　どちらが　好(す)きですか。天(てん)ぷらのほうが　好(す)きです。
4. 安(やす)いですから、よく　行(い)きます。
5. 回転鍋(かいてんなべ)も　ありますよ。え！　鍋(なべ)ですか？

練習(れんしゅう)

1　昼(ひる)ご飯(はん)を　食(た)べませんか。

はなしてみよう　8-1

イラストを　見(み)て、例(れい)のように　話(はな)しましょう。

例(れい)）

①

②

例(れい)）A：一緒(いっしょ)に　（　バスケットボールを　し　）ませんか。
　　B：いいですね。

①　A：一緒(いっしょ)に　（　　　　　　　　　　）ませんか。
　　B：いいですね。

②　A：一緒(いっしょ)に　（　　　　　　　　　　）ませんか。
　　B：いいですね。

③　A：一緒(いっしょ)に　（　　　　　　　　　　）ませんか。
　　B：そうですね。

③

④

⑤

⑥

④　A：一緒(いっしょ)に　（　　　　　　　　　　）ませんか。
　　B：ごめんなさい……。

⑤　A：一緒(いっしょ)に　（　　　　　　　　　　）ませんか。
　　B：ごめんなさい……。

⑥　A：一緒(いっしょ)に　（　　　　　　　　　　）ませんか。
　　B：ごめんなさい……。

きいてみよう　かいてみよう

音声を　聞いて、（　）や　□に　答えを　書きましょう。

① A：たかはしさん、昼ご飯を　（　　　　　　　　）。

B：いいですね。どこ□　（　　　　　　　　）。

A：そうですねぇ。カレーは　どうですか。

B：いいですね。

A：（　　　　）□　（　　　　）□　カレー屋が　あります。

インド□　カレーです。

B：あ、新しい　カレー屋ですね。（　　　　　　　）。

② A：しみずさん、お疲れ様です。

B：お疲れ様です。

A：あの、映画□　チケット□　２枚　（　　　　　　　）。

よかったら、一緒に　（　　　　　　　　　　）。

B：あー、（　　　　　　）映画ですか。

A：コメディーです。（　　　　　　）映画ですよ。これです。

B：いいですね！　これ、見たいです。

A：よかった！　映画は　７時からです。一緒に　（　　　　　　　）。

③ A：アンさん、その　鞄、すてきですね。

私も　そんな　鞄が　（　　　　　　）。

B：これですか。Kモードで　買いました。

A：Kモード？

B：新しい　店です。サザンモール□　中□　ありますよ。

あ、明日まで　セールですよ。一緒に　（　　　　　　　　　）。

A：行きたいです！今晩は　どうですか。

B：じゃ、６時に　渋谷駅□　前□　（　　　　　　　　　）。

音声を　聞いて、繰り返して　発音してみましょう。アクセントや　文全体の　上がり、下がりに注意しましょう。

はなしてみよう　8-3

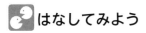

イラストを　見て、クラスメイトを　誘いましょう。誘われた人は　いろいろ　質問して　行くかどうか、決めましょう。

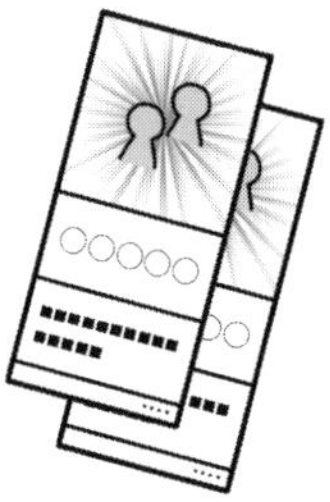

2　お寿司が　好きです。

かいてみよう　8-4

自分の　好きな　ものと　嫌いな　ものを　書きましょう。

例）私は　（　ねこ　）が　好きです。
　　私は　（　ビール　）が　あまり　好きじゃありません。
　　私は　（　カラオケ　）が　嫌いです。

① 私は（　　　　　　　）が　好きです。
② 私は（　　　　　　　）が　好きです。
③ 私は（　　　　　　　）が　あまり　好きじゃありません。
④ 私は（　　　　　　　）が　あまり　好きじゃありません。
⑤ 私は（　　　　　　　）が　嫌いです。
⑥ 私は（　　　　　　　）が　嫌いです。

きいてみよう　かいてみよう

8-5

音声(おんせい)を　聞(き)いて、例(れい)のように　書(か)きましょう。

例(れい)）Ａ：さとうさんは　どんな　（　スポーツ　）が　好(す)きですか。

Ｂ：私(わたし)は　（　サッカー　）が　好(す)きです。

① Ａ：やまもとさんは　どんな　（　　　　　　）が　好(す)きですか。

Ｂ：私(わたし)は　（　　　　　　）が　好(す)きです。

② Ａ：かわぐちさんは　どんな　（　　　　　　）が　好(す)きですか。

Ｂ：私(わたし)は　（　　　　　　）が　好(す)きです。

③ Ａ：さかもとさんは　どんな　（　　　　　　）が　好(す)きですか。

Ｂ：私(わたし)は　（　　　　　　）が　好(す)きです。

④ Ａ：みなみさんは　どんな　（　　　　　　）が　好(す)きですか。

Ｂ：私(わたし)は　（　　　　　　）が　好(す)きです。

しつもんしてみよう

8-6

クラスメイトに　質問(しつもん)しましょう。それから、表(ひょう)に　答(こた)えを　書(か)きましょう。

Ａ：（　　　　　）さんは　どんな　（　　　　　　）が　好(す)きですか。

Ｂ：私(わたし)は　（　　　　　　）が　好(す)きです。

	映画(えいが)	音楽(おんがく)	スポーツ	お酒(さけ)
（　　　）さん				
（　　　）さん				

3 お寿司と　天ぷらと　どちらが　好きですか。天ぷらのほうが　好きです。

かいてみよう　きいてみよう

8-7

イラストを　見て、質問文を　書きましょう。それから、音声を　聞いて、Bさんの　答えを　書きましょう。

例）A　：（　天ぷら　）と　（　お寿司　）と　どちらが　好きですか。

B１：そうですねえ。（　天ぷら　）のほうが　好きです。

B２：私は　（　どちらも　）　好きです。

例）

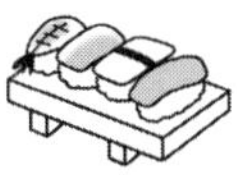

①

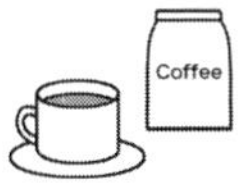

②

ひらがな

カタカナ

③

④

⑤

大阪

東京

⑥

漢字

カタカナ

① A：（　　　　）と　（　　　　）と　どちらが　好きですか。

B：私は　（　　　　　　）のほうが　好きです。

② A：（　　　　）と　（　　　　）と　どちらが　難しいですか。

B：うーん、（　　　　）のほうが　難しいです。

③ A：（　　　　）と　（　　　　）と　どちらが　大変ですか。

B：そうですねぇ。（　　　　）のほうが　大変です。

④ A：（　　　　）と　（　　　　）と　どちらが　大切ですか。

B：そうですねぇ。私は　（　　　　）のほうが　大切です。

⑤ A：（　　　　）と　（　　　　）と　どちらが　にぎやかですか。

B：（　　　　）　にぎやか（　　　　）。

⑥ A：（　　　　）と　（　　　　）と　どちらが　簡単ですか。

B：（　　　　）　簡単（　　　　）。

第8課

はなしてみよう

8-8

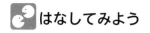

表を　見て、クラスメイトに　質問しましょう。⑤は　自分の　答えを　言いましょう。

	ステーションホテル	富士旅館
例）	駅から　歩いて　３分	駅から　バスで　10分
①	6,000円	12,000円
②	40㎡	60㎡
③	築20年	築80年
④		

例）近い

A：ステーションホテルと　富士旅館と　どちらが　駅から（　近い　）ですか。

B：（　ステーションホテル　）のほうが　（　近い　）です。

① 安い

A：ステーションホテルと　富士旅館と　どちらが　（　　　　　）ですか。

B：（　　　　　　　　　）のほうが　（　　　　　）です。

② 広い

A：ステーションホテルと　富士旅館と　どちらが　（　　　　　）ですか。

B：（　　　　　　　　　）のほうが　（　　　　　）です。

③ 古い

A：ステーションホテルと　富士旅館と　どちらが　（　　　　　）ですか。

B：（　　　　　　　　　）のほうが　（　　　　　）です。

④ きれい

A：ステーションホテルと　富士旅館と　どちらが　（　　　　　）ですか。

B：（　　　　　　　　　）のほうが　（　　　　　）です。

⑤ いい

A：ステーションホテルと　富士旅館と　どちらが　（　　　　　）ですか。

B：（　　　　　　　　　）のほうが　（　　　　　）です。

4 安いですから、よく　行きます。

いってみよう

8-9

文を　読んで、正しい　組み合わせを　線で　つなげましょう。

例）寝坊しましたから・	・帰りましょう。
① 漢字が　わかりませんから・	・たくさん　食べました。
② 明日は　日曜日ですから　・	・沖縄へ　行きたいです。
③ おいしかったですから　・	・タクシーで　行きましょう。
④ 海が　きれいですから　・	・遅刻しました。
⑤ もう　午後６時ですから　・	・会社へ　行きません。
⑥ 時間が　ありませんから　・	・ひらがなで　書きます。

よんでみよう

8-10

文を　読んで、正しいほうを　選びましょう。

例）明日、テストが　ありますから、今晩　（ 勉強します ・ 勉強しません ）。

① 日本語が　わかりませんから、（ 英語を　話します　・　日本語を　話します ）。
② ラーメンが　好きですから、毎日　（ 食べます　・　食べません ）。
③ 雨ですから、（ サッカーを　します　・　サッカーを　しません ）。
④ 日本で　仕事が　したいですから、
（ 日本へ　行きます　・　日本へ　行きません ）。
⑤ 今晩　友達が　来ますから、（ 部屋を　掃除します　・　学校へ　行きます ）。
⑥ 生の　魚が　苦手ですから、（ お寿司を　食べます　・　天ぷらを　食べます ）。
⑦ 新幹線のほうが　速いですから、（ 新幹線　・　バス ）のほうが　いいです。
⑧ バスのほうが　安いですから、（ 新幹線　・　バス ）のほうが　いいです。
⑨ 富士旅館のほうが　きれいですから、
（ ステーションホテル　・　富士旅館 ）のほうが　いいです。
⑩ ステーションホテルのほうが　安いですから、
（ ステーションホテル　・　富士旅館 ）のほうが　いいです。

ステーションホテルと　富士旅館、どちらが　いいですか。108ページの　表を　見て、理由も　説明しましょう。

5 回転鍋(かいてんなべ)も　ありますよ。え！　鍋(なべ)ですか？

きいてみよう　かいてみよう　8-11

音声(おんせい)を　聞(き)いて、例(れい)のように　書(か)きましょう。

例(れい)）A：ベトナムにも　回転鍋(かいてんなべ)が　あります［ よ ］。
B：え！　鍋(なべ)です［ か ］？

① A：マリーさんは　日本食(にほんしょく)が　好(す)きです［　　］。
B：はい、好(す)きです。納豆(なっとう)は　おいしいです［　　］。
A：え！　納豆(なっとう)です［　　］。私(わたし)は　納豆(なっとう)が　苦手(にがて)です。

② A：12時(じ)ですから、昼(ひる)ご飯(はん)を　食(た)べません［　　］。
B：ええ。
A：駅前(えきまえ)の　おそば屋(や)さんは　どうですか。
B：あ、先週(せんしゅう)、一緒(いっしょ)に　行(い)きました［　　］。
おいしかったです［　　］。

③ A：先生(せんせい)、すみません。この　本(ほん)と　この　本(ほん)と　どちらが　いいですか。
B：あ、その　本(ほん)は　難(むずか)しいです［　　］。N１レベルですから。
A：え！　N１レベルです［　　］。
B：その　本(ほん)のほうが　いいです［　　］。
A：そうです［　　］。ありがとう　ございます。

④ A：週末(しゅうまつ)、大阪(おおさか)へ　行(い)きますが、新幹線(しんかんせん)と　バスと
どちらが　いいです［　　］。
B：うーん、そうです［　　］。バスは　安(やす)いです。
でも　8時間(じかん)　かかります。
A：え！　8時間(じかん)です［　　］。新幹線(しんかんせん)は　いくらですか。
B：14,000円(えん)ぐらいです。でも、１時間半(じかんはん)です。
A：ああ、そうです［　　］。ありがとう　ございます。

音声(おんせい)を　聞(き)いて、繰(く)り返(かえ)して　発音(はつおん)してみましょう。アクセントや　文全体(ぶんぜんたい)の　上(あ)がり、下(さ)がりに注意(ちゅうい)しましょう。

チャレンジ！

かいてみよう　きいてみよう

8-12

あおやまさんと　かとうさんが　お店を　探しています。カードを　読んで、会話を　完成させましょう。二人は　どちらの　お店に　しましたか。音声を　聞いて、答えを　確認しましょう。

A：

居酒屋　げんき

駅の　中に　あります
一人　3,000 円
食べ物の　種類が　多いです
ワインが　少ないです
店が　広いです
外国語の　メニューが　ありません

B：

イタリアン「ベラ・バンビーナ」

駅の　近くに　あります
一人　6,000 円ぐらい
食べ物の　種類が　少ないです
ワインが　多いです
店が　狭いです
外国語の　メニューが　あります

あおやま：来月、シドニーから　ジェームスさんが　来ますね。
かとう　：そうですね。
あおやま：歓迎会を　しませんか。
かとう　：いいですね。しましょう。どこで　しましょうか。
あおやま：ここは　どうですか。居酒屋です。（　　　　　）に　ありますから、便利です。
かとう　：ここも　いいですよ。イタリアンです。（　　　　　）が　たくさん　あります。
ジェームスさんは　ワインが　好きですから、ここは　どうですか。
（　　　　　）の　メニューも　あります。
あおやま：いいですね。あ、でも、少し（　　　　　）ですね。居酒屋のほうが　広いですよ。
かとう　：そうですね。イタリアンは　いくらぐらいですか。
あおやま：えーと、（　　　　　）です。
かとう　：え！（　　　　　）ですか？　高いですね。じゃ、（　　　　　）へ　行きましょう。

はなしてみよう

8-13

どちらの　お店(みせ)へ　行(い)きたいですか。クラスメイトと　話(はな)しましょう。

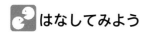

第9課

花火大会がありました

〈会社で〉

お昼休みです。
山田さんと　鈴木さんは　お弁当を　食べながら　話しています。
二人は　夏休みに　なにを　したのでしょうか。

会話

山　田：鈴木さん、夏休み　どこかへ　行きましたか。

鈴　木：はい、グエンさんと　一緒に　横浜と　浅草へ　行きました。

山　田：え？　横浜？

鈴　木：はい。横浜で　花火大会が　ありましたから、一緒に　見ました。
それから、次の　日　浅草へ　もんじゃを　食べに　行きました。
これ、グエンさんからの　お土産です。どうぞ。

山　田：ありがとう。

鈴　木：山田さんは　どこかへ　行きましたか。

山　田：いいえ、どこへも　行きませんでした。仕事が　忙しかったです。
毎年、いなかへ　帰りますが、今年は　帰りませんでした。
帰りたかったです……。

鈴　木：山田さんの　ご出身は　北海道でしたね。

山　田：ええ。北海道です。北海道の　夏は　涼しいですよ。

学習項目

1. どこかへ　行きましたか。いいえ、どこへも　行きませんでした。
2. 横浜で　花火大会が　ありました。
3. 浅草へ　もんじゃを　食べに　行きました。
4. 毎年　いなかへ　帰ります。
5. 帰りたかったです。
6. 山田さんの　ご出身は　北海道でしたね。

練習

1　どこかへ　行きましたか。
いいえ、どこへも　行きませんでした。

かいてみよう　はなしてみよう　9-1

会話を　見て、書きましょう。③④⑥は　イラストを　見て、自由に　書いてください。

例1）A　：週末　どこかへ　行きましたか。
　　　B1：いいえ、（　どこへも　行きませんでした　）。
　　　B2：はい、（　長崎へ　行きました　）。

例2）A　：週末　なにか　しましたか。
　　　B1：いいえ、（　なにも　しませんでした　）。
　　　B2：はい、（　映画を　見ました　）。

① A：朝ご飯、なにか　食べましたか。
　B：いいえ、（　　　　　　　　　　）。寝坊しましたから……。

② A：明日は　休みですね。どこかへ　行きますか。
　B：いいえ、（　　　　　　　　　　）。今週は　忙しかったです。

③ A：お疲れ様です。なにか　飲みますか。
　B：はい、ありがとう　ございます。
　　（　　　　　　　　　　）お願いします。

④ A：週末は　どこかへ　行きましたか。
　B：いいえ、お金が　ありませんでしたから、
　　（　　　　　　　　　　）。
　　Aさんは？　どこかへ　行きましたか。
　A：はい、（　　　　　　　　　　）。
　　バーゲンでしたから。
　B：いいですね。なにか　買いましたか。
　A：はい、（　　　　　　　　　　）。

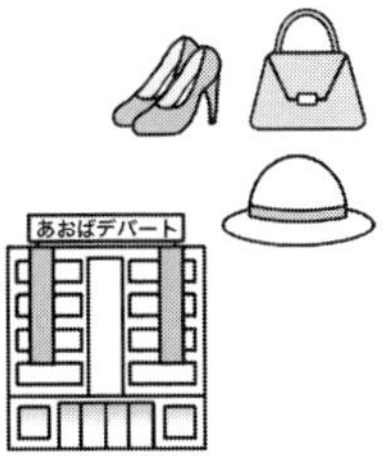

⑤ A：明日は　日本語の　テストですね。昨日、なにか　勉強しましたか。

B：いいえ、(　　　　　　　　　　　　　　)。フランクさんは？

A：私も　(　　　　　　　　　　　　　　)。

今日、一緒に　勉強しませんか。

B：そうですね。一緒に　しましょう。

⑥ A：夏休み、どこかへ　行きますか。

B：はい、(　　　　　　　　　　　　　　)。

A：へえ、(　　　　　　　　　　)で　なにを　しますか。

B：まだ　わかりませんが、(　　　　　　　　　　　　　　)たいです。

2　横浜で　花火大会が　ありました。

かいてみよう　はなしてみよう　9-2

例を　見て、答えを　書きましょう。それから、二人で　話しましょう。

例) A：昨日、花火大会が　ありました。

B：どこ［で］(　ありましたか　)。

A：横浜［で］(　ありました　)。

① A：来月、お祭り［　　］(　　　　　　　　)ね。

B：え？　どこ［　　］(　　　　　　　　)。

A：神社［　　］(　　　　　　　　)。

② A：来年、オリンピック［　　］(　　　　　　　　)。

B：どこ［　　］(　　　　　　　　)。

A：北京［　　］(　　　　　　　　)。

③ A：去年、サッカーの　ワールドカップ［　　］(　　　　　　　　)ね。

B：え？　どこ［　　］(　　　　　　　　)。

A：ロシア［　　］(　　　　　　　　)よ。

④ A：明日、コンサート［　　］(　　　　　　　　)。

B：どこ［　　］(　　　　　　　　)。

A：市民ホール［　　］(　　　　　　　　)。

⑤ A：昨日(きのう)、パーティー□（　　　　　　　　）。
B：へえ、どこ□（　　　　　　　　）。
A：ホテルの　レストラン□（　　　　　　　　）。

⑥ A：明日(あした)、10時(じ)□　12時(じ)□　会議(かいぎ)□（　　　　　　　　）よ。
B：どこ□（　　　　　　　　）。
A：C会議室(かいぎしつ)□（　　　　　　　　）。

きいてみよう　かいてみよう

9-3

音声(おんせい)を　聞(き)いて、例(れい)のように　書(か)きましょう。

例(れい)）A：横浜(よこはま)［で］　花火大会(はなびたいかい)が　あります。
一緒(いっしょ)に　行(い)きませんか。
B：いいですね。いつですか。
A：（　8月(がつ)1日(ついたち)　）です。

① A：来週(らいしゅう)、イタリアンレストラン□
歓迎(かんげい)パーティーが　あります。
さいとうさん、行(い)きますか。
B：えーっと、パーティーは　いつですか。
A：（　　　　　　　　）です。
B：大丈夫(だいじょうぶ)です。行(い)きます。

② A：今度(こんど)、市民(しみん)ホール□　コンサートが　あります。
これ　どうぞ。
B：ありがとう。え？　やましたさんの　コンサートですか？
A：ええ、私(わたし)の　趣味(しゅみ)です。（　　　　　　　　）□　あります。
B：へえ。

③ A：すずきさん、これは　なんですか。
B：日本(にほん)の　お祭(まつ)りです。Festival です。
A：へえ。行(い)きたいです。どこ□　ありますか。
B：あ、ここですね。神社(じんじゃ)□（　　　　　）と
10日(とおか)□　ありますよ。

④ A：週末（しゅうまつ）は　どこ［　　］へ　行（い）きますか。

B：はい。料理教室（りょうりきょうしつ）［　　］　行（い）きます。

A：へえ。私（わたし）も　行（い）きたいです。

B：やまもとさんの　うち［　　］　あります。

やまもとさんが　教（おし）えます。

⑤ A：9月（がつ）20日（はつか）［　　］　交流会（こうりゅうかい）が　あります。

一緒（いっしょ）に　行（い）きませんか。

B：交流会（こうりゅうかい）？　どこで　ありますか。

A：市民（しみん）ホール［　　］　あります。

交流会（こうりゅうかい）に　いろいろな　国（くに）の　料理（りょうり）も　ありますよ。

B：へえ。

3 浅草へ　もんじゃを　食べに　行きました。

いってみよう　かいてみよう

9-4

イラストを　見て、例のように　書きましょう。それから、書いた　文を　言いましょう。

例1）コンビニ［へ］　お金を　（　下ろし　）［に］　行きます。

例2）山［へ］　（　キャンプ　）［に］　行きます。

① コンビニ［　　］　お弁当を　（　　　　）［　　］　行きます。

② コンビニ［　　］　コピー　（　　　　）［　　］　行きます。

③ 山［　　］　（　　　　　　）［　　］　行きます。

④ 図書館［　　］　本を　（　　　　）［　　］　行きます。

⑤ 図書館［　　］　宿題を　（　　　　）［　　］　行きます。

⑥ やまもとさんの　うち［　　］　料理を　（　　　　）［　　］　行きます。

⑦ やまもとさんの　うち［　　］　（　　　　）［　　］　行きます。

かいてみよう　はなしてみよう

イラストを　見て、例のように　書きましょう。それから、二人で　話しましょう。

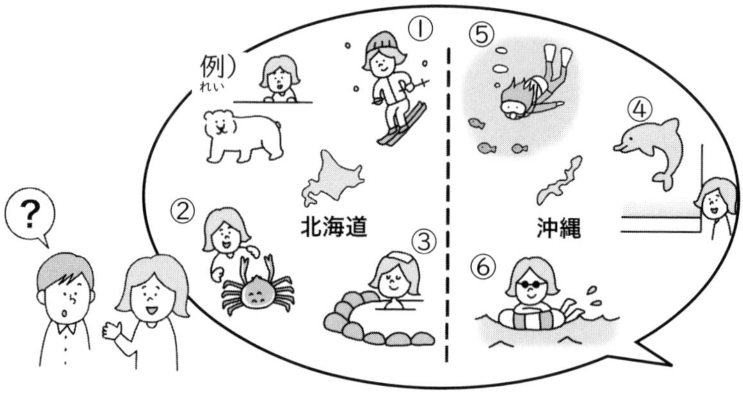

例）A：夏休み、どこへ　行きますか。
　　B：北海道は　どうですか。
　　A：いいですね。北海道へ　（　くまを　見　）［に］　行きたいです。

① A：冬休み、どこへ　行きますか。
　 B：北海道は　どうですか。
　 A：いいですね。北海道へ　（　　　　　　　　）［　　］　行きたいです。

② A：冬休み、どこへ　行きますか。
　 B：北海道は　どうですか。
　 A：いいですね。北海道へ　（　　　　　　　　）［　　］　行きたいです。

③ A：冬休み、どこへ　行きますか。
　 B：北海道は　どうですか。
　 A：いいですね。北海道へ　（　　　　　　　　）［　　］　行きたいです。

④ A：夏休み、どこへ　行きますか。
　 B：沖縄は　どうですか。
　 A：いいですね。いるかを　（　　　　　　　　）［　　］　行きたいです。

⑤ A：夏休み、どこへ　行きますか。
　 B：沖縄は　どうですか。
　 A：いいですね。沖縄へ　（　　　　　　　　）［　　］　行きたいです。

⑥ A：夏休み、どこへ　行きますか。
　 B：沖縄は　どうですか。
　 A：いいですね。沖縄へ　（　　　　　　　　）［　　］　行きたいです。

クラスメイトと　行きたい　ところや　したい　ことについて　話しましょう。

4 毎年（まいとし） いなかへ 帰（かえ）ります。

かいてみよう はなしてみよう 9-6

まつもとさんは、どこで なにを しますか。表（ひょう）を 見（み）て 書（か）きましょう。それから、二人（ふたり）で 話（はな）しましょう。

	まつもとさん	私（わたし）	（　　　　）さん
例（れい））	パン いつも ご飯（はん） あまり		
①	駅前（えきまえ）のスーパー		
②	時々（ときどき）		
③	全然（ぜんぜん）		
④	あまり		
⑤	図書館（としょかん）		
⑥	6時（じ）		
⑦	12時（じ）		

例（れい）） A：いつも、朝（あさ）ご飯（はん）は なにを 食（た）べますか。
B：（ パンを 食（た）べます。 ご飯（はん）は あまり 食（た）べません ）。

① A：いつも、どこで 買（か）い物（もの）を しますか。
B：（　　　　　　　　　　　　　　　　　　　　）。

② A：うちで 料理（りょうり）を しますか。
B：（　　　　　　　　　　　　　　　　　　　　）。

③ A：お酒（さけ）を 飲（の）みますか。
B：（　　　　　　　　　　　　　　　　　　　　）。

④ A：テレビを 見（み）ますか。
B：（　　　　　　　　　　　　　　　　　　　　）。

⑤ A：いつも、どこで 宿題（しゅくだい）を しますか。
B：（　　　　　　　　　　　　　　　　　　　　）。

⑥ A：毎朝（まいあさ）、なん時（じ）に 起（お）きますか。
B：（　　　　　　　　　　　　　　　　　　　　）。

⑦ A：毎晩（まいばん）、なん時（じ）に 寝（ね）ますか。
B：（　　　　　　　　　　　　　　　　　　　　）。

しつもんしてみよう　9-7

いつも、　どこで　なにを　しますか。121 ページの　表に　自分の　答えを　書きましょう。それから、クラスメイトに　質問しましょう。

5　帰りたかったです。

きいてみよう　かいてみよう　9-8

音声を　聞いて、例のように　書きましょう。

例）

A：週末、どこかへ　行きましたか。

B：北海道へ　行きました。

A：へえ。かにを　食べましたか。

B：はい。とても（　おいしかったです　）。

A：スキーを　しましたか。

B：いいえ。（　したかったです　）。残念です。

① A：これ、どうぞ。福岡の　お土産です。

B：ありがとう　ございます。

A：福岡は（　　　　　）が（　　　　　　　　）ね。

B：そうですね。いかは　食べましたか。

A：いか？　ラーメンは（　　　　　　　　）。

B：福岡は　魚料理も　おいしいですよ。

A：それは　残念です。（　　　　　　　　）。

② A：これ、どうぞ。沖縄(おきなわ)の　お土産(みやげ)です。
B：ありがとう　ございます。
A：沖縄(おきなわ)は　（　　　　　　）が　（　　　　　　　　　）ね。
B：そうですね。水族館(すいぞくかん)へ　行(い)きましたか。
A：いいえ。
B：とても　有名(ゆうめい)な　水族館(すいぞくかん)が　ありますよ。
A：それは　残念(ざんねん)です。（　　　　　　　　　）。

③ A：週末(しゅうまつ)、（　　　　　　）へ　行(い)きましたか。
B：はい、箱根(はこね)へ　行(い)きました。
A：いいですね。温泉卵(おんせんたまご)、食(た)べましたか。
B：（　　　　　　　　　）？
A：「おんせんたまご」です。黒(くろ)い　卵(たまご)です。おいしいですよ。
B：それは　残念(ざんねん)です。（　　　　　　　　　）。

④ A：昨日(きのう)、やましたさんの　コンサートへ　行(い)きましたか。
B：はい。とても　（　　　　　　）よ。　やまださんは？
A：仕事(しごと)が　（　　　　　　　　　）から……。
B：そうですか。
A：とても　（　　　　　　　　　）。

音声(おんせい)を　聞(き)いて、繰(く)り返(かえ)して　発音(はつおん)してみましょう。アクセントや　文全体(ぶんぜんたい)の　上(あ)がり、下(さ)がりに注意(ちゅうい)しましょう。

6 山田さんの　ご出身は　北海道でしたね。

かいてみよう　はなしてみよう　9-9

例を　見て、（　）に　答えを　書きましょう。それから、二人で　話しましょう。

例）A：ご出身は　どこ（　ですか　）。
　　B：北海道です。

　　A：ご出身は　北海道（　でしたね　）。
　　B：はい、そうです。

① A：明日の　会議は　なん時から（　　　　　　）。
　B：10時からです。

　A：明日の　会議は　10時から（　　　　　　）。
　B：はい、そうです。

② A：この　本、だれの（　　　　　　）。
　B：たなかさんのです。

　A　　：この　本、たなかさんの（　　　　　　）。
　たなか：あ、すみません。はい、私のです。

③ A：郵便局は　どこ（　　　　　　）。
　B：駅の　南口です。

　A：郵便局は　駅の　南口（　　　　　　）。
　B：はい、南口です。

④ A：郵便局は　なん時まで（　　　　　　）。
　B：5時までです。

きいてみよう

9-10

音声(おんせい)を　聞(き)いて、下(した)の　文(ぶん)が　内容(ないよう)と　合(あ)っていれば　○、間違(まちが)っていれば　×を　書(か)きましょう。

① a 金曜日(きんようび)、男(おとこ)の　人(ひと)は　日光(にっこう)へ　行(い)きました。　(　　)

b 日光(にっこう)へ　買(か)い物(もの)に　行(い)きます。　(　　)

② a やまぐちさんは　広島(ひろしま)に　います。　(　　)

b やまぐちさんは　かきを　食(た)べました。　(　　)

③ a 11時(じ)から　会議(かいぎ)が　あります。　(　　)

b 女(おんな)の　人(ひと)は　20枚(まい)　コピーしました。　(　　)

チャレンジ！

よんでみよう

9-11

下の　文を　読んで　①～⑤の　質問に　答えましょう。

「私の　休みの　日」　　渡辺マキ

先週、広島へ　帰りました。

私の　出身は　広島ですから、広島に　友達が　います。新幹線で　帰りました。

新幹線で　４時間　かかりました。少し　疲れました。

でも、広島駅に　友達が　いました。とても　うれしかったです。

それから、友達と　一緒に　お好み焼きを　食べに　行きました。

広島の　お好み焼きは　大阪の　お好み焼きより　おいしいです。

かきも　食べたかったです。でも　おなかが　いっぱいでした。

広島駅から　バスで　うちへ　帰りました。

① どうして　広島へ　帰りましたか。

② なにで　広島へ　帰りましたか。

③ 広島まで　どのくらい　かかりましたか。

④ 広島で　友達と　なにを　しましたか。

⑤ かきを　食べましたか。

かいてみよう

9-12

休(やす)みの　日(ひ)　なにを　しましたか。書(か)きましょう。

「私(わたし)の　休(やす)みの　日(ひ)」＿＿＿＿＿＿＿＿

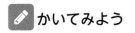

第9課

第10課

ちょっと待ってください

〈web で〉

鈴木さんは　グエンさんに　話しかけています。
グエンさんは　応答しましたが……。
グエンさんは　今　なにを　しているでしょうか。

会話（かいわ）

鈴木（すずき）：グエンさん、こんにちは。

グエン：あ、鈴木（すずき）さん。すみません、ちょっと　待（ま）ってください。

鈴木（すずき）：ごめんなさい！

グエン：すみません。

鈴木（すずき）：いえいえ。この　前（まえ）は　楽（たの）しかったですね。

グエン：ええ、東京（とうきょう）では　お世話（せわ）に　なりました。

鈴木（すずき）：グエンさん、日本語（にほんご）が　上手（じょうず）に　なりましたね。

グエン：ありがとう　ございます。この　本（ほん）で　勉強（べんきょう）しましたよ。

鈴木（すずき）：あ、この　前（まえ）の　本（ほん）ですね。

グエン：とても　いい　本（ほん）です。
日本（にほん）で　働（はたら）きたいですから、もっと　上手（じょうず）に　なりたいです。

鈴木（すずき）：私（わたし）は　アジアの　どこかで　働（はたら）きたいです。

グエン：そうですか。一緒（いっしょ）に　がんばりましょう。

学習項目（がくしゅうこうもく）

1. て形（けい）
2. ちょっと　待（ま）ってください。
3. ズボンを　履（は）いています。
4. 上手（じょうず）に　なりました。
5. この　本（ほん）で　勉強（べんきょう）しました。

練習（れんしゅう）

1 て形（けい）

いってみよう

10-1

表（ひょう）を　見（み）て、Ⅰグループ、Ⅱグループ、Ⅲグループの　動詞（どうし）を　言（い）いましょう。

動詞（どうし）のグループ分（わ）け
「ます」の　前（まえ）の　音（おと）で　グループを　分（わ）けます。
「i-（い）ます」は　Ⅰグループです。「e-（え）ます」は　Ⅱグループです。Ⅱグループに　「i-（い）ます」も　ありますが、少（すく）ないです。「来（き）ます」「します」は　Ⅲグループです。

Ⅰグループ	Ⅱグループ	Ⅲグループ
あいます	たべます	きます
およぎます	ねます	します
はなします		べんきょうします
まちます	います	
しにます	みます	
よみます		
かえります		

かいてみよう

10-2

下(した)の □の 中(なか)の 動詞(どうし)を グループに 分(わ)けましょう。

Ⅰグループ	Ⅱグループ	Ⅲグループ

食(た)べます	書(か)きます	話(はな)します	コピーします	来(き)ます	買(か)います
飲(の)みます	行(い)きます	あります	泳(およ)ぎます	会(あ)います	寝(ね)ます
遊(あそ)びます	待(ま)ちます	習(なら)います	います	遅刻(ちこく)します	疲(つか)れます
終(お)わります	休(やす)みます	乗(の)ります	着(き)ます	降(お)ります	

いってみよう

10-3

表(ひょう)を 見(み)て、「て形(けい)」を 言(い)いましょう。

て形(けい)の作(つく)り方(かた)

	ます形(けい)	て形(けい)
Ⅰ	あいます まちます とります	あって まって とって
	よみます あそびます しにます	よんで あそんで しんで
	かきます いそぎます	かいて いそいで
	はなします	はなして
	＊いきます	いって

	ます形(けい)	て形(けい)
Ⅱ	たべます ねます	たべて ねて
	みます います	みて いて
Ⅲ	きます します べんきょうします	きて して べんきょうして

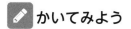

かいてみよう

例(れい)を　見(み)て、「て形(けい)」を　書(か)きましょう。

例(れい)）書(か)きます（　書(か)いて　）

① 買(か)います　（　　　　　）	② 待(ま)ちます　（　　　　　）
③ 食(た)べます　（　　　　　）	④ 飲(の)みます　（　　　　　）
⑤ います　（　　　　　）	⑥ 急(いそ)ぎます　（　　　　　）
⑦ 終(お)わります　（　　　　　）	⑧ 休(やす)みます　（　　　　　）
⑨ コピーします　（　　　　　）	⑩ 来(き)ます　（　　　　　）
⑪ 遊(あそ)びます　（　　　　　）	⑫ 話(はな)します　（　　　　　）
⑬ 会(あ)います　（　　　　　）	⑭ 見(み)ます　（　　　　　）
⑮ 取(と)ります　（　　　　　）	

2　ちょっと　待（ま）ってください。

きいてみよう　かいてみよう　10-5

音声（おんせい）を　聞（き）いて、例（れい）のように　書（か）きましょう。

例（れい））（　書（か）いて　）ください。

①（　　　　　）ください。　②（　　　　　）ください。
③（　　　　　）ください。　④（　　　　　）ください。
⑤（　　　　　）ください。　⑥（　　　　　）ください。
⑦（　　　　　）ください。　⑧（　　　　　）ください。
⑨（　　　　　）ください。　⑩（　　　　　）ください。
⑪（　　　　　）ください。　⑫（　　　　　）ください。
⑬（　　　　　）ください。　⑭（　　　　　）ください。
⑮（　　　　　）ください。　⑯（　　　　　）ください。
⑰（　　　　　）ください。　⑱（　　　　　）ください。

かいてみよう　きいてみよう　10-6

イラストを　見（み）て、例（れい）のように　書（か）きましょう。それから、音声（おんせい）を　聞（き）きましょう。

例（れい））

①

②

③

例（れい））（　聞（き）いて　）ください。
①　本（ほん）を　（　　　　　）ください。
②　漢字（かんじ）を　（　　　　　）ください。
③　レポートを　（　　　　　）ください。

④

⑤

⑥

④　すみません、道（みち）を　（　　　　　）ください。
⑤　すみません、もう　一度（いちど）（　　　　　）ください。
⑥　すみません、ちょっと　写真（しゃしん）を　（　　　　　）ください。

⑦  ⑧  ⑨ 

⑦ どうぞ　中(なか)に　（　　　　　　）ください。

⑧ どうぞ　ここに　（　　　　　　）ください。

⑨ どうぞ　お茶(ちゃ)を　（　　　　　　）ください。

きいてみよう　かいてみよう　10-7

音声(おんせい)を　聞(き)いて、（　）に　答(こた)えを　書(か)きましょう。

① A：すみません、ちょっと
　　道(みち)を（　　　　　　）ください。
　B：あ、はい。
　A：たけなか医院(いいん)へ　行(い)きたいです。
　B：たけなか医院(いいん)ですね。あの　バス停(てい)で
　　4番(ばん)の　バスに　（　　　　　　）ください。
　　3つ目(め)の　バス停(てい)で
　　（　　　　　　）ください。
　A：どうも　ありがとう　ございます。

② A：すみません、ちょっと
　　（　　　　　　）ください。
　B：ええ。これ、持(も)ちますね。
　A：ありがとう　ございます。
　B：この　ゴミも　持(も)っていきますね。
　A：すみません、マンションの　前(まえ)の
　　ゴミ捨(す)て場(ば)に　（　　　　　　）ください。
　B：前(まえ)の　ゴミ捨(す)て場(ば)ですね。
　A：ええ。本当(ほんとう)に　ありがとう　ございます。

③ Ａ：すみません、コップを
　（　　　　　）ください。
Ｂ：これで　いいですか。
Ａ：ありがとう。あ、それから、冷蔵庫(れいぞうこ)から
　お茶(ちゃ)を　（　　　　　）ください。
Ｂ：机(つくえ)の　上(うえ)に　置(お)きますか。
Ａ：はい、（　　　　　）ください。
　どうも　ありがとう。

④ Ａ：パスポートを　（　　　　　）ください。
Ｂ：はい。
Ａ：荷物(にもつ)を　（　　　　　）ください。
　その　袋(ふくろ)は　なんですか。
Ｂ：お土産(みやげ)です。ベトナムの　コーヒーです。
Ａ：はい、いいですよ。（　　　　　）ください。

3　ズボンを　履(は)いています。

きいてみよう　かいてみよう　10-8

音声(おんせい)を　聞(き)いて、例(れい)のように　書(か)きましょう。

例(れい)）（　書(か)いて　）います

① （　　　　　）います　　② （　　　　　）います
③ （　　　　　）います　　④ （　　　　　）います
⑤ （　　　　　）います　　⑥ （　　　　　）います
⑦ （　　　　　）います　　⑧ （　　　　　）います
⑨ （　　　　　）います　　⑩ （　　　　　）います
⑪ （　　　　　）います　　⑫ （　　　　　）います
⑬ （　　　　　）います　　⑭ （　　　　　）います
⑮ （　　　　　）います　　⑯ （　　　　　）います

かいてみよう　はなしてみよう

イラストを　見(み)て、例(れい)のように　書(か)きましょう。それから、二人(ふたり)で　話(はな)しましょう。

例(れい)）Ａ：やまださんは？

　　Ｂ：あそこです。よしかわさんと（　話(はな)しています　）。

① Ａ：よこやまさんは？

　Ｂ：あそこです。肉(にく)を　（　　　　　　　　　）。

② Ａ：とよださんは？

　Ｂ：あそこです。ビールを　（　　　　　　　　　）。

③ Ａ：たかはしさんは？

　Ｂ：あそこです。子供(こども)と　（　　　　　　　　　）。

④ Ａ：よしださんは？

　Ｂ：あそこです。写真(しゃしん)を　（　　　　　　　　　）。

⑤ Ａ：すぎもとさんは？

　Ｂ：あそこです。カレーを　（　　　　　　　　　）。

⑥ Ａ：まつもとさんは？

　Ｂ：あそこです。野菜(やさい)を　（　　　　　　　　　）。

⑦ Ａ：よしかわさんは？

　Ｂ：あそこです。やまださんと　（　　　　　　　　　）。

4　上手に　なりました。

かいてみよう

10-10

イラストを　見て、□から　言葉を　選んで、例のように　書きましょう。

例）

①

②

③

④

⑤

⑥

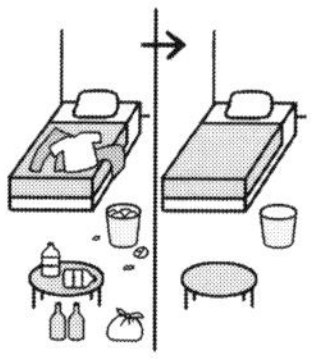

寒いです	~~上手です~~	白いです	短いです
6歳です	高いです	安いです	きれいです

例）日本語が（　上手に　）なりました。

① 子供は　今月（　　　　　　）なりました。

② 背が　（　　　　　　　）なりました。

③（　　　　　　　　）なりました。

④ 北海道は　もう（　　　　　　　）なりました。

⑤ 雪が　降りましたから、町が　（　　　　　　）なりました。

⑥ 掃除を　しました。部屋が　（　　　　　　）なりました。

きいてみよう　かいてみよう

10-11

音声を　聞いて、例のように　書きましょう。

A：こんにちは。久しぶりですね。

B：お久しぶりです。この　町は　にぎやかですね。

A：ええ、少し　（　例）うるさく　）なりました。

　うちは　あそこです。

B：へえ、近いですね。

A：ええ、（①　　　　　　　　　）なりました。

B：便利ですね。

A：はい、店が　（②　　　　　　　　　）なりました。

　とても　（③　　　　　　　　　）なりました。

　でも、緑が（④　　　　　　　　　）なりました。

B：そうですね。前の　うちは　緑が　多かったですね。

A：はい。とても　よかったです。

B：新しい　会社は　どうですか。

A：仕事は　おもしろいです。でも、（⑤　　　　　　　　　）なりましたから、

　（⑥　　　　　　　　　）なりました。

5 この 本(ほん)で 勉強(べんきょう)しました。

かいてみよう

10-12

イラストを 見(み)て、例(れい)のように 書(か)きましょう。

例(れい)） A：どうやって 日本語(にほんご)を 勉強(べんきょう)しましたか。

B：この （ アプリ ）［ で ］ 勉強(べんきょう)しました。

① A：どうやって 漢字(かんじ)を 勉強(べんきょう)しましたか。

B：この （　　　　　）［　　］ 勉強(べんきょう)しました。

② A：どうやって 会話(かいわ)を 勉強(べんきょう)しましたか。

B：（　　　　　）［　　］ 勉強(べんきょう)しました。

ドラマ

③ A：どうやって 言葉(ことば)を 勉強(べんきょう)しましたか。

B：（　　　　　）［　　］ 勉強(べんきょう)しました。

アニメ

④ A：なんで ラーメンを 食(た)べますか。

B：（　　　　　）［　　］ 食(た)べます。

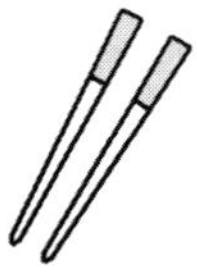

⑤ A：なんで カレーを 食(た)べますか。

B：（　　　　　）［　　］ 食(た)べます。

⑥ A：なんで お寿司(すし)を 食(た)べますか。

B：（　　　　　）［　　］ 食(た)べます。

きいてみよう　かいてみよう

10-13

音声(おんせい)を　聞(き)いて、（　）や　□に　答(こた)えを　書(か)きましょう。

① A：おいしいですね。マリーさん、料理(りょうり)が　（　　　　　　　　）なりましたね。

B：ありがとう　ございます。やまもとさん、これも　どうぞ。

A：わあ、これ、マリーさんが　（　　　　　　　　）。

B：はい、イタリアの　スープです。

A：へえ。野菜(やさい)とか　パスタとか　スープの　中(なか)に　いろいろ　ありますね。

B：はい、どうぞ（　　　　　　　　）。

スプーンと　フォーク□　（　　　　　　　　）。

A：いただきます。

② A：もしもし、さとうさん？

B：あ、やましたさん。明日(あした)　楽(たの)しみです。

A：明日(あした)は　駅(えき)の　前(まえ)で　3時(じ)（　　　　　　　　）。

B：はい。駅(えき)の　前(まえ)で　（　　　　　　　　）ね。

A：ありがとう　ございます。今(いま)　アプリ□　地図(ちず)を　（　　　　　　　　）。

さとうさんの　うちは　駅(えき)から　近(ちか)いですね。

B：ええ、とても　近(ちか)いです。（　　　　　　　　）3分(ぷん)です。

A：へえ、便利(べんり)ですね。

③ A：はい。

B：さとうさんの　お宅(たく)ですか。宅急便(たっきゅうびん)です。

A：あ、ちょっと（　　　　　　　　）。

B：こちらです。ここに　印鑑(いんかん)を　お願(ねが)いします。

A：あ、印鑑(いんかん)が……。えっと。

B：じゃ、ここに　サインを　（　　　　　　　　）。

どうぞ　この　ペン□　（　　　　　　　　）。

A：すみません、ありがとう　ございます。

B：ありがとう　ございます。失礼(しつれい)します。

音声(おんせい)を　聞(き)いて、繰(く)り返(かえ)して　発音(はつおん)してみましょう。アクセントや　文全体(ぶんぜんたい)の　上(あ)がり、下(さ)がりに注意(ちゅうい)しましょう。

チャレンジ！

はなしてみよう

10-14

レポーターに　なって　この　町（まち）を　紹介（しょうかい）しましょう。

例（れい））みなさん、こんにちは。

私（わたし）は　今（いま）　あさひ町広場（ちょうひろば）に　います。

ここは　とても　にぎやかです。

見（み）てください。あそこに　高（たか）い　タワーが　あります。

みなさん　写真（しゃしん）を　撮（と）っています。

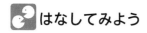

第(だい)11課(か)

アニメで勉強(べんきょう)します

〈web で〉

グエンさんと　鈴木(すずき)さんが　話(はなし)を　しています。
いつも　どうやって　日本語(にほんご)を　勉強(べんきょう)していますか。
家族(かぞく)は　どこに　住(す)んでいますか。

会話

鈴　木：グエンさん、いつも　どうやって　日本語を　勉強していますか。

グエン：教科書で　勉強したり、日本の　アニメを　見たり　しています。
あと、便利な　アプリも　ありますから、時々　アプリで　勉強しています。

鈴　木：へえ、そうですか。どんな　アプリを　使っていますか。

グエン：漢字の　アプリを　よく　使っています。
書き方や　読み方が　わかりますから、とても　いいです。
いつも　これで　勉強して、学校へ　行って、家で　復習します。

鈴　木：漢字は　難しいですよね。
私も　大変でした。今も　時々　妹に　漢字を　教えています。

グエン：妹さんと　一緒に　住んでいますか。

鈴　木：いえ、妹は　両親と　京都に　住んでいます。まだ　小学生ですから。

学習項目

1. 書き方や　読み方が　わかりますから、とても　いいです。
2. これで　勉強して、学校へ　行って、家で　復習します。
3. 妹に　漢字を　教えます。
4. 教科書で　勉強したり、アニメを　見たり　しています。
5. 難しいですよね。
6. 妹は　京都に　住んでいます。

練習

れんしゅう

1 書き方や　読み方が　わかりますから、とても　いいです。

かいてみよう

11-1

□から　言葉を　選んで、例のように　書きましょう。

作ります
読みます
使います
~~書きます~~
買います
送ります

例）日本語の　メールの　（　書き方　）が　わかりません。

① 漢字の　（　　　　　　）が　わかりません。

② 新幹線の　切符の　（　　　　　　）が　わかりません。

③ コピー機の　（　　　　　　）が　わかりません。

④ 天ぷらの　（　　　　　　）が　わかりません。

⑤ 荷物の　（　　　　　　）が　わかりません。

きいてみよう　かいてみよう

11-2

音声を　聞いて、（　）に　言葉を　書きましょう。

① A：どうぞ　食べてください。

B：わあ、おいしそうですね。これ、どうやって　食べますか。

A：あ、しゃぶしゃぶは　初めてでしたね。

じゃ、（　　　　　　）を　教えますね。

B：お願いします。

② A：おいしいですね。

B：もっと　食べてくださいね。

A：これも　おいしいです。これ、どうやって……？

B：簡単ですよ。じゃ、今度（　　　　　　）を　教えますね。

A：ありがとう　ございます。

③ A：これ、50枚　コピーしてください。

B：はい、わかりました。あの、これ、どうやって……？

A：あ、初めてでしたね。じゃ、（　　　　　　）を　教えますね。

B：お願いします。

④ A：これ、ABC商事に　持っていってください。

B：はい、わかりました。あの、ABC商事まで　どうやって……？

A：あ、初めてでしたね。じゃ、ABC商事までの　（　　　　）を　書きますね。

B：お願いします。

音声を　聞いて、繰り返して　発音してみましょう。アクセントや　文全体の　上がり、下がりに注意しましょう。

2　これで　勉強して、学校へ　行って、家で　復習します。

かいてみよう　11-3

イラストを　見て、例のように　書きましょう。

例）朝　起きて、シャワーを　浴びて、歯を　磨きます。

①（　　　　　　　　　　）、（　　　　　　　　　　）、カレーを　作りました。

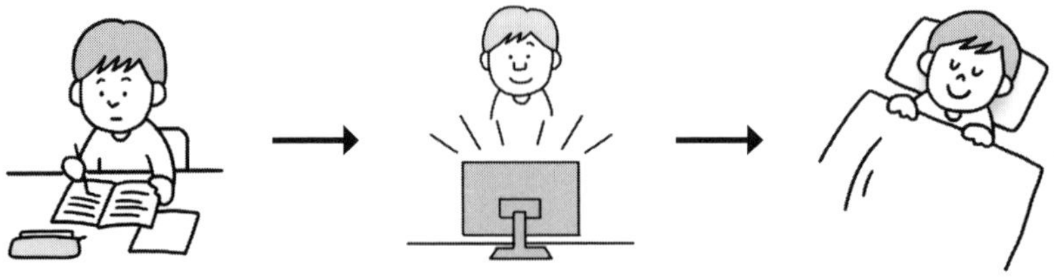

②（　　　　　　　　　　）、（　　　　　　　　　　）、寝ました。

③（　　　　　　　　　　　　）、（　　　　　　　　　　　　）、家へ　帰りました。

④（　　　　　　　　　　　　）、（　　　　　　　　　　　　）、ABC 商事へ　行きました。

⑤（　　　　　　　　　　　　）、（　　　　　　　　　　　　）、食べます。

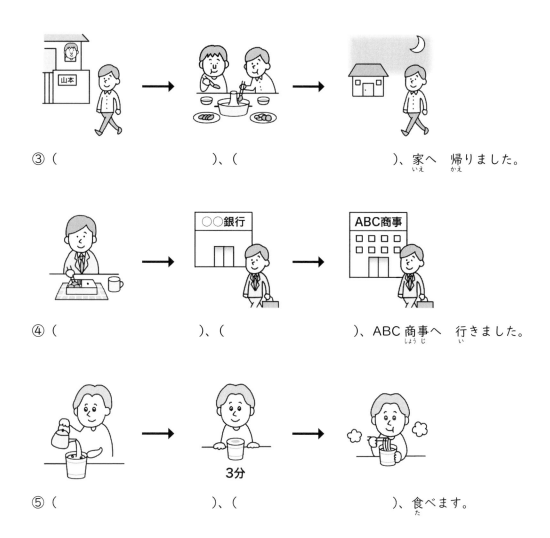

かいてみよう　きいてみよう

11-4

今(いま)　あさひ町駅前(まちえきまえ)に　います。どこに　なにが　ありますか。地図(ちず)を　見(み)て、話(はな)してみましょう。それから、会話(かいわ)を　見(み)ながら、(　　)に　言葉(ことば)を　書(か)きましょう。音声(おんせい)を　聞(き)いて、確認(かくにん)しましょう。

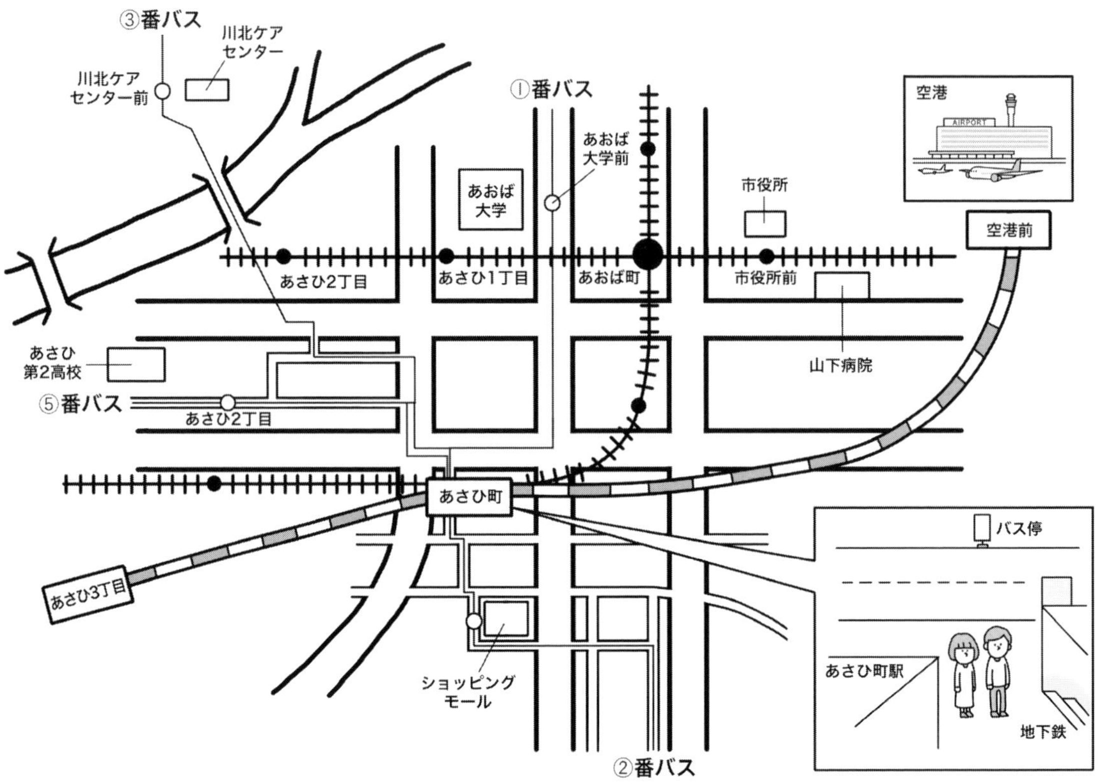

例）A：ここから　川北ケアセンターまで　どうやって　行きますか。

B：あの　バス停へ　（　行って　）、バスに　（　乗って　）、

川北ケアセンター前で　降ります。

A：ありがとう　ございます。

① A：ここから　あおば大学まで　どうやって　行きますか。

B：あの　バス停へ　（　　　　　）、１番の　バスに　（　　　　　）。

あおば大学前で　（　　　　　）。

A：ありがとう　ございます。

② A：ここから　山下病院まで　どうやって　行きますか。

B：地下鉄に　（　　　　　）、　あおば町で　（　　　　　）、

市役所前駅で　（　　　　　）。

A：ありがとう　ございます。

③ A：ここから　あさひ第二高校まで　どうやって　行きますか。

B：あの　バス停へ　（　　　　　）、５番の　バスに　（　　　　　）。

あさひ２丁目駅で　（　　　　　）、（　　　　　）行きます。

A：どのくらい　歩きますか。

B：すぐですよ。　高校は　バス停から　５分ぐらいです。

④ A：ここから　空港まで　どうやって　行きますか。

B：この　駅から　電車に　乗って、　空港前で　（　　　　　）。

A：どのくらい　かかりますか。

B：そうですねえ、１時間ぐらい　かかります。

⑤ A：ここから　この　ショッピングモールまで　どうやって　行きますか。

B：バスに　（　　　　　）行きます。

A：どのくらい　かかりますか。

B：すぐですよ。５分ぐらいです。

ショッピングモールは　バス停の　前に　（　　　　　）。

3 妹(いもうと)に 漢字(かんじ)を 教(おし)えます。

かいてみよう

11-5

イラストを 見(み)て、例(れい)のように 書(か)きましょう。

例(れい)） 妹(いもうと)さん

①まつもとさん

②お母(かあ)さん

③先生(せんせい)

④たにさん

⑤あおやまさん

⑥たかぎさん

⑦お父(とう)さん

例(れい)）すずきさんは（ 妹(いもうと)さん ）［ に ］（ 漢字(かんじ) ）［ を ］ 教(おし)えます。

① すずきさんは（　　　）［　］（　　　）［　］ 教(おし)えます。
② すずきさんは（　　　）［　］（　　　）［　］ あげます。
③ すずきさんは（　　　）［　］（　　　）［　］ 送(おく)ります。
④ すずきさんは（　　　）［　］（　　　）［　］ 貸(か)します。
⑤ すずきさんは（　　　）［　］（　　　）［　］ 送(おく)ります。
⑥ すずきさんは（　　　）［　］（　　　）［　］ あげます。
⑦ すずきさんは（　　　）［　］（　　　）［　］ かけます。

きいてみよう　かいてみよう

11-6

音声(おんせい)を　聞(き)いて、例(れい)のように　書(か)きましょう。

例(れい)1）A：母(はは)の　日(ひ)に　（　お母(かあ)さん　）に　なにを　あげましたか。
　　　B：（　花(はな)　）を　あげました。

例(れい)2）A：誕生日(たんじょうび)　（　妹(いもうと)さん　）に　なにを　あげましたか。
　　　B：なにも　あげませんでしたが、（　メッセージ　）を　送(おく)りました。

① A：母(はは)の　日(ひ)に　（　　　　　　）に　なにを　あげましたか。
　B：（　　　　　　）を　あげました。

② A：誕生日(たんじょうび)　（　　　　　　）に　なにを　あげましたか。
　B：（　　　　　　）と（　　　　　　）を　あげました。

③ A：誕生日(たんじょうび)　（　　　　　　）に　なにを　あげましたか。
　B：（　　　　　　）を　あげました。
　　それから、誕生日(たんじょうび)パーティーを　しました。

④ A：誕生日(たんじょうび)　（　　　　　　）に　なにを　あげましたか。
　B：（　　　　　　）を　あげました。

⑤ A：父(ちち)の　日(ひ)に　（　　　　　　）に　なにを　あげましたか。
　B：なにも　あげませんでしたが、電話(でんわ)を　（　　　　　　）。
　　（　　　　　　）も　送(おく)りました。

しつもんしてみよう　はなしてみよう

11-7

家族や　友達に　なにを　あげましたか。下の　表に　書きましょう。それから、クラスメイトに質問しましょう。

例）A：(　　　　　）さん、(　お母さんの　誕生日　）に　(　お母さん　）に
　　なにを　あげましたか。
　　B：(　花　）を　あげました。

	例）	私	(　　　）さん	(　　　）さん
お母さんの誕生日	花			

4 教科書で 勉強したり、アニメを 見たり しています。

かいてみよう

11-8

表を 見て、「て形」「た形」を 書きましょう。

	ます形	て形	た形
Ⅰ	あいます	あって	①
	まちます	②	まった
	とります	とって	③
	よみます	④	よんだ
	あそびます	あそんで	⑤
	しにます	⑥	しんだ
	かきます	かいて	⑦
	いそぎます	⑧	いそいだ
	はなします	はなして	⑨
	いきます	⑩	いった

	ます形	て形	た形
Ⅱ	たべます	たべて	⑪
	ねます	ねて	⑫
	みます	⑬	みた
	います	⑭	いた
Ⅲ	きます	きて	⑮
	します	して	⑯
	べんきょうします	べんきょうして	⑰

かいてみよう

イラストを見(み)て、例(れい)のように書(か)きましょう。

例(れい)）お正月(しょうがつ)

①卒業式(そつぎょうしき)

②お花見(はなみ)

③ゴールデンウイーク

④お祭(まつ)り

⑤クリスマス

例(れい)）お正月(しょうがつ)、おせち料理(りょうり)を（　食(た)べた　）り、
初(はつ)もうでに（　行(い)った　）り　します。

① 卒業式(そつぎょうしき)では　写真(しゃしん)を（　　　　　　　　）り、
歌(うた)を（　　　　　　　　）り　します。

② お花見(はなみ)では　お弁当(べんとう)を（　　　　　　　　）り、
お酒(さけ)を（　　　　　　　　）り　します。

③ ゴールデンウイークは　友達(ともだち)に（　　　　　　　　）り、
いなかへ（　　　　　　　　）り　します。

④ お祭(まつ)りでは　おみこしを（　　　　　　　　）り、
盆踊(ぼんおど)りを（　　　　　　　　）り　します。

⑤ クリスマス、友達(ともだち)と　ケーキを（　　　　　　　　）り、
夜景(やけい)を（　　　　　　　　）り　します。

かいてみよう

11-10

イラストを　見て、自由に　書いてみましょう。

例）A：沖縄で　なにを　しましたか。

　　B：（　海で　泳いだ　）り、（　沖縄の　料理を　食べた　）り　しました。

① A：夏休みは　なにを　しましたか。

　B：（　　　　　　　　　）り、（　　　　　　　　　）り　しました。

② A：夏休みは　なにを　しますか。

　B：そうですね。（　　　　　　　　　）り、（　　　　　　　　　）り　します。

③ A：週末は　いつも　なにを　していますか。

　B：そうですね。（　　　　　　　　　）り、（　　　　　　　　　）り　しています。

④ A：明日は　休みですね。なにを　しますか。

　B：そうですね。（　　　　　　　　　）り、（　　　　　　　　　）り　します。

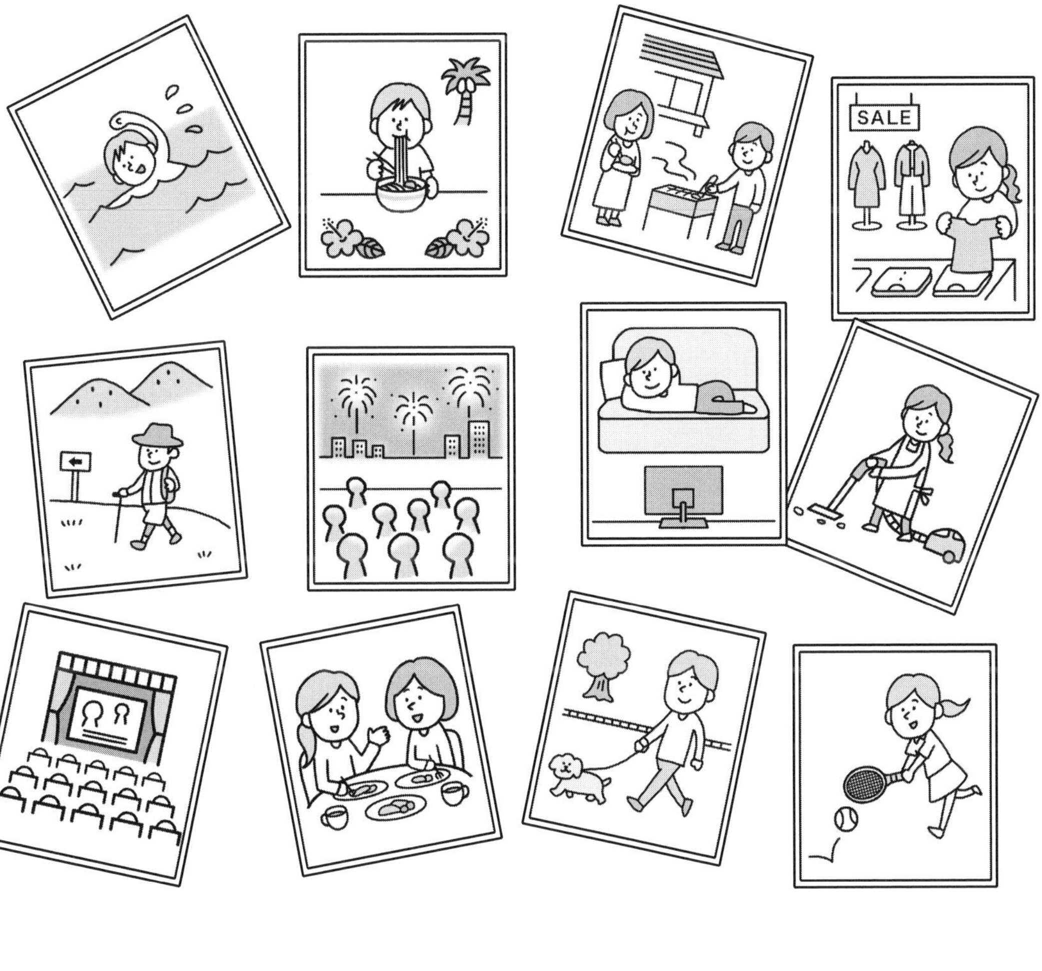

5 難しいですよね。

きいてみよう　かいてみよう

11-11

音声を　聞いて、□に　ひらがなを　書きましょう。

① A：ゴールデンウイークは　どうでした□。
B：大変でした。いなかへ　車で　帰りましたが、7時間も　かかりました。
A：私も　いなかへ　帰りました。私は　6時間でした。
B：ゴールデンウイークの　渋滞は　本当に　大変です□。

② A：お疲れ様です。
B：今日も　忙しかったです□。
A：そうです□。お正月の　前は　毎年　忙しいです□。
B：本当に　毎年　忙しいです□。
A：でも、お正月の　休みが　ありますから、がんばりましょう。

③ A：桜が　咲きました□。
B：そうですね。お花見に　行きます□。
A：はい、毎年　友達と　近くの　公園へ　お花見に　行きます。
B：あ、さかした公園です□。さかした公園の　桜は　本当に
きれいです□。
A：ええ、本当に。

④ A：あ、これ、韓国の　アイドルです□。
B：ええ、あ、のむらさんも　韓国の　アイドルが　好きです□。
A：はい、実は　大好きです。先週も　コンサートへ　行きました。
B：え！　先週です□！　いいです□。
この　グループは　ダンスが　上手です□。
A：はい、本当に　上手です□。

音声を　聞いて、繰り返して　発音してみましょう。アクセントや　文全体の　上がり、下がりに注意しましょう。

6 妹は　京都に　住んでいます。

よんでみよう

11-12

文章を　読んで、質問に　答えましょう。

私は　今　山梨に　住んでいます。
山梨の　ケアセンターで　仕事を　しています。
父と　母と　姉は　マレーシアに　住んでいますが、
兄は　シンガポールに　住んでいます。
コンピューターの　会社で　仕事を　しています。
姉は　先生です。中学校で　英語を　教えています。
姉は　結婚していませんが、兄は　結婚しています。
子供が　二人　います。
双子の　男の子です。今　５歳です。とても　かわいいです。

リュウさん

例）リュウさんは　どこに　住んでいますか。
（　山梨に　住んでいます。　）

① リュウさんは　どこで　仕事を　していますか。
（　　　　　　　　　　　　　　　　　）

② リュウさんの　お姉さんは　どこに　住んでいますか。
（　　　　　　　　　　　　　　　　　）

③ リュウさんの　お兄さんは　なにを　していますか。
（　　　　　　　　　　　　　　　　　）

④ リュウさんの　お兄さんの　お子さんは　なん人ですか。
（　　　　　　　　　　　　）

かいてみよう

11-13

自分の　こと、家族の　ことを　書きましょう。

チャレンジ！

かいてみよう

11-14

「私の　週末」を　書きましょう。

私の　週末

私は　いつも、７時に　起きます。でも、週末は　９時に　起きます。
午前中は　掃除を　したり、料理を　作ったり　します。
午後は　散歩を　したり、買い物を　したり　します。
時々　映画を　見ます。映画館は　南町に　あります。
私の　家から　南町まで、バスで　30分ぐらい　かかります。少し　遠いです。
でも、映画が　好きですから、映画館へ　行きます。

私の　週末

第12課

日本語を話すことができます

〈会社で〉

山田さんは　鈴木さんに　いろいろな　仕事を　頼んでいます。
どんな　仕事を　頼んでいるでしょうか。

会話(かいわ)

山田(やまだ)：鈴木(すずき)さん、あの　本棚(ほんだな)の　片(かた)づけを　お願(ねが)いします。

鈴木(すずき)：はい、わかりました。

山田(やまだ)：来週(らいしゅう)までに　できますか。

鈴木(すずき)：はい、大丈夫(だいじょうぶ)です。

山田(やまだ)：ありがとう。それから、鈴木(すずき)さんは　中国語(ちゅうごくご)が　できますか。

鈴木(すずき)：はい、少(すこ)し。

山田(やまだ)：この　方(かた)の　名前(なまえ)、読(よ)むことが　できますか。

鈴木(すずき)：はい。「チェン・リーリー」です。

山田(やまだ)：「チェン・リーリー」ですね。
あおば大学(だいがく)の　留学生(りゅうがくせい)で、来年(らいねん)の　３月(がつ)に　卒業(そつぎょう)します。
卒業(そつぎょう)するまえに、ここで　１か月(げつ)　働(はたら)きます。

鈴木(すずき)：へえ、そうですか。楽(たの)しみです。

学習項目(がくしゅうこうもく)

1. 辞書形(じしょけい)
2. 読(よ)むことが　できます。
3. 新(あたら)しい　学校(がっこう)が　できます。
4. 卒業(そつぎょう)するまえに、ここで　１か月(げつ)　働(はたら)きます。
5. あおば大学(だいがく)の　留学生(りゅうがくせい)で、来年(らいねん)の　３月(がつ)に　卒業(そつぎょう)します。

練習(れんしゅう)

1 辞書形(じしょけい)

いってみよう

12-1

表(ひょう)を　見(み)て「辞書形(じしょけい)」を　言(い)いましょう。

辞書形(じしょけい)の　作(つく)り方(かた)

	ます形(けい)	辞書形(じしょけい)		ます形(けい)	辞書形(じしょけい)
Ⅰ	あいます	あう	Ⅱ	たべます	たべる
	まちます	まつ		ねます	ねる
	とります	とる		みます	みる
	よみます	よむ		います	いる
	あそびます	あそぶ			
	しにます	しぬ	Ⅲ	きます	くる
	かきます	かく		します	する
	いそぎます	いそぐ		べんきょうします	べんきょうする
	はなします	はなす			

かいてみよう

12-2

例(れい)を　見(み)て「辞書形(じしょけい)」を　書(か)きましょう。

例(れい)）作(つく)ります　（　作(つく)る　）

① 歌(うた)います　（　　　　）
② 食(た)べます　（　　　　）
③ 弾(ひ)きます　（　　　　）
④ 起(お)きます　（　　　　）
⑤ 乗(の)ります　（　　　　）
⑥ 使(つか)います　（　　　　）
⑦ 見(み)ます　（　　　　）
⑧ 買(か)います　（　　　　）
⑨ 来(き)ます　（　　　　）
⑩ 予約(よやく)します　（　　　　）
⑪ 借(か)ります　（　　　　）
⑫ 払(はら)います　（　　　　）
⑬ 話(はな)します　（　　　　）
⑭ 行(い)きます　（　　　　）

2 読むことが　できます。

かいてみよう　いってみよう　12-3

□から　言葉を　選んで、例のように　書きましょう。それから、書いた　文を　言いましょう。

例）いろいろな　外国語を　（　話す　）ことが　できます。

① 漢字を　（　　　　　）ことが　できます。
② 天ぷらを　（　　　　　）ことが　できます。
③ 1キロ　（　　　　　）ことが　できます。
④ ギターを　（　　　　　）ことが　できます。
⑤ 日本語の　歌を　（　　　　　）ことが　できます。
⑥ お寿司を　100貫　（　　　　　）ことが　できます。

歌います	読みます	作ります	~~話します~~
泳ぎます	食べます	弾きます	

きいてみよう　かいてみよう　12-4

写真に　写っているのは　だれですか。音声を　聞いて、①～④の　番号を　書きましょう。
それから、もう　一度　音声を　聞いて、例のように　書きましょう。

例）Ａ：この　人は、私の　日本語の　先生です。
　　Ｂ：この　（　髪が　短い　）方ですね。
　　Ａ：先生は　いろいろな（　外国語　）を　（　話す　）ことが　できます。
　　　　中国語とか　タイ語とか。
　　Ｂ：へえ。すごいですね。

① Ａ：これ、私の　父です。
　 Ｂ：へえ、（　　　　　　　　　）方ですね。
　 Ａ：父は　料理が　上手です。
　　　 いろいろな（　　　　　）を　（　　　　　）ことが　できます。
　 Ｂ：へえ、いいですね。

② Ａ：この　人は、アンさんです。
　 Ｂ：この　（　　　　　　　　）方ですね。
　 Ａ：アンさんは　ピアノが　とても（　　　　　　　　）。
　　　 ギターも（　　　　　）ことが　できます。
　 Ａ：へえ。

③ Ａ：この　人は、ジョンさんです。
　 Ｂ：この（　　　　　　　　）人ですか。
　 Ａ：はい。ジョンさんは　書道が　上手です。
　 Ｂ：書道？
　 Ａ：これです。難しい（　　　　　）を　たくさん　（　　　　　）ことが
　　　 できます。
　 Ｂ：へえ、すごいですね。

④ Ａ：この　人は、サリーさんです。
　 Ｂ：かわいい　人ですね。
　 Ａ：（　　　　　　　　）が　なんでも　できます。
　　　 １キロ（　　　　　）ことが　できます。
　　　 それから、（　　　　　）で　100キロも　（　　　　　）ことが　できます。
　 Ｂ：へえ、すごいですね。

家族や　友達の　写真を　見せながら、クラスメイトに　話しましょう。

きいてみよう　かいてみよう

音声を　聞いて、例のように　書きましょう。

例）A：すみません、どこで　パソコンを

（　使う　）ことが　できますか。

B：3階で　（　使う　）ことが　できます。

A：ありがとう　ございます。

① A：すみません、なん冊（　　　　　　）ことが

できますか。

B：5冊（　　　　　　）ことが　できます。

A：ありがとう　ございます。

② A：すみません、なん時まで　ここで（　　　　　　）ことが　できますか。

B：6時まで（　　　　　　）ことが　できます。

A：ありがとう　ございます。

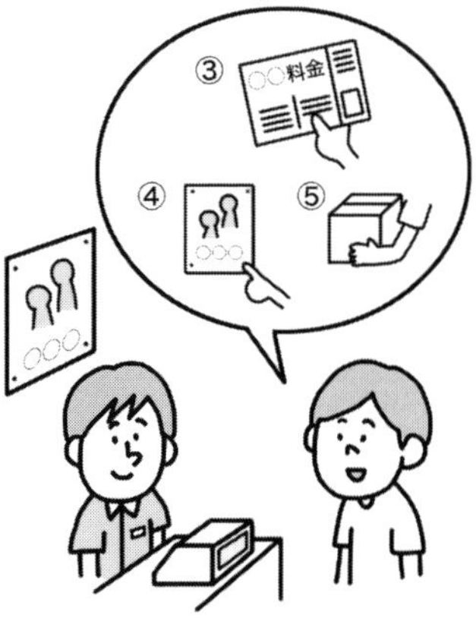

③ A：すみません、これ　ここで　（　　　　　　）

ことが　できますか。

B：はい、大丈夫です。

A：じゃこれ、お願いします。

④ A：すみません、それ、ここで　（　　　　　　）

ことが　できますか。

B：はい、大丈夫です。

A：じゃ、2枚　お願いします。

⑤ A：すみません、これ、ここで　（　　　　　　）ことが　できますか。

B：はい、大丈夫です。

A：お願いします。

⑥ A：いつ　熊本で　桜を　（　　　　　　）ことが

できますか。

B：（　　　　　　）下旬から　（　　　　　　）

ことが　できますよ。

A：そうですか。

⑦ A：いつ　福島で　桜を（　　　　　　）ことが

できますか。

B：（　　　　　　）中旬から　（　　　　　　）

ことが　できますよ。

A：そうですか。

3　新(あたら)しい　学校(がっこう)が　できます。

きいてみよう　かいてみよう

12-6

音声(おんせい)を　聞(き)いて、例(れい)のように　書(か)きましょう。

例(れい)）
①

例(れい)）A：あそこに　なにが　できますか。

　B：（　大(おお)きい　）（　スーパー　）が　できます。

① A：スーパーの　前(まえ)に、なにが　できますか。

　B：（　　　　）が　できます。

②

③

④

② A：すずきさん、その　報告書(ほうこくしょ)、いつまでに　できますか。

　B：（　　　　　　　　）に　できます。

③ A：晩(ばん)ご飯(はん)が（　　　　　　　　）よ。

　B：はーい。

④ A：みなさん、できましたか。

　B：はい、（　　　　　　　　）。

よんでみよう

12-7

文章(ぶんしょう)を　読(よ)んで、質問(しつもん)に　答(こた)えましょう。

私(わたし)は、50年(ねん)　この　町(まち)に　住(す)んでいます。
30年(ねん)まえは　駅(えき)が　ありませんでしたが、10年(ねん)まえに
できました。
便利(べんり)に　なりました。そして、学校(がっこう)も　できましたから、
とても　にぎやかに　なりました。
来年(らいねん)、ここに　大(おお)きい　スーパーが　できますから、
もっと　便利(べんり)に　なります。
楽(たの)しみです。

たかはしさん

① いつ　駅(えき)が　できましたか。

---

② どうして　にぎやかに　なりましたか。

---

③ いつ　スーパーが　できますか。

きいてみよう かいてみよう

12-8

ファムさんは　川北(かわきた)ケアセンターで　介護士(かいごし)の　面接(めんせつ)を　受(う)けています。音声(おんせい)を　聞(き)いて、例(れい)のように　書(か)きましょう。

ファムさん

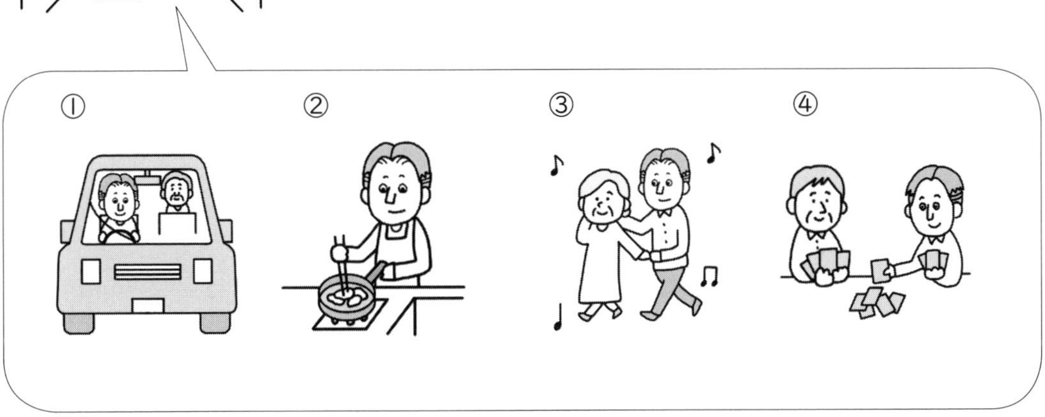

例(れい)）Ａ：ファムさんは　（　中国語(ちゅうごくご)　）が　できますか。

　　　Ｂ：はい、少(すこ)し。

① Ａ：ファムさんは、（　　　　　　　　　　）が　できますか。

　 Ｂ：はい、できます。

② Ａ：料理(りょうり)が　できますか。

　 Ｂ：あまり、（　　　　　　　　　　）。

③ Ａ：ダンスが　できますか。

　 Ｂ：得意(とくい)じゃありませんが、（　　　　　　　　　　）。

④ Ａ：なにか、ゲームが　できますか。

　 Ｂ：はい、トランプや　麻雀(まーじゃん)などが　（　　　　　　　　　　）。

4 卒業するまえに、ここで　１か月　働きます

かいてみよう　しつもんしてみよう　12-9

イラストを　見て、質問に　答えましょう。それから、クラスメイトにも　質問してみましょう。

① 学校へ　来るまえに、いつも　なにを　しますか。

② 寝るまえに、いつも　なにを　しますか。

③ 旅行の　まえに、なにを　しますか。

④ デートの　まえに、なにを　しますか。

かいてみよう

12-10

1週間まえ、3か月まえ、2年まえに　なにを　しましたか。思い出して　書いてみましょう。

例）３か月まえに、日本語を　初めて　勉強しました。

① １週間まえ ________________________________。

② ３か月まえ ________________________________。

③ ２年まえ ________________________________。

しつもんしてみよう

12-11

クラスメイトに　質問しましょう。

	（　　　　）さん	（　　　　）さん
① １週間まえ		
② ３か月まえ		
③ ２年まえ		

5 あおば大学の　留学生で、来年の　３月に　卒業します。

いってみよう　かいてみよう　12-12

例のように、言いましょう。それから、書きましょう。

例）この　町・静か・緑が　多い
　（　この　町は　静かで、　緑が　多いです　）。

① こやまさん・頭が　いい・おもしろい
　（　）。

② たいちくん・６歳・小学生
　（　）。

③ この　料理・安い・おいしい
　（　）。

④ 桜の　花・きれい・有名
　（　）。

かいてみよう　12-13

どんな　家に　住みたいですかなど、自由に　書いてみましょう。

例）私は　（　静かで、緑が　多い　）町が　好きです。

① 私は（　）家に　住みたいです。
② 私は（　）人が　好きです。
③ 私は（　）食べ物が　好きです。
④ 私は（　）ところへ　行きたいです。

はなしてみよう

12-14

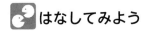

クラスメイトと　話しましょう。答えを　下の　表に　書きましょう。

例）A：(　　　　　) さんは、どんな　町が　好きですか。

　　B：私は（　静かで、緑が　多い　）町が　好きです。

	(　　　　　) さん	(　　　　　) さん
① どんな　町・好き		
② どんな　家・住みたい		
③ どんな　人・好き		
④ どんな　食べ物・好き		
⑤ どんな　ところ・行きたい		

チャレンジ！

きいてみよう

12-15

長野、福岡、金沢は　どんな　ところですか。聞きながら　メモを　書きましょう。それから、質問に　答えましょう。

長野	福岡	金沢

① 長野で　なにを　することが　できますか。
　夏は　どんな　ところ　ですか。

② 福岡には　なにが　ありますか。
　空港は　近いですか。

③ 金沢で　なにを　見ることが　できますか。
　なにを　食べることが　できますか。

はなしてみよう

12-16

どこが　いちばん　いいですか。クラスメイトと　話しましょう。

例）
私は、長野へ　行きたいです。
長野で　スキーを　したり　温泉に　入ったり　したいですから。
でも、私は　スキーが　できません。
サリーさんは　スキーが　上手ですから、サリーさんと　一緒に　行きたいです。

どこで　なにが　できますか。インターネットなどで　調べてみましょう。

第13課

高校を卒業してから、日本へ来ました

〈会社で〉
昼休みです。
山田さんは　鈴木さんの　お弁当が　気に　なっているようです。
どんな　お弁当でしょうか。

会話

山　田：鈴木さんは　いつから　東京に　住んでいますか。

鈴　木：高校を　卒業してから、東京へ　来ました。

山　田：一人暮らしですか。

鈴　木：はい。アパートを　借りています。

山　田：食事は　どう　していますか。自分で　作っていますか。

鈴　木：はい。最初は　自分で　料理を　作ることが　できませんでしたが、
今は　時々　作っています。これ、私が　作りました。

山　田：カレーですね。私も　最初　カレーを　作りました。
一人暮らしは　もう　慣れましたか。

鈴　木：最初は　大変でしたが、今は　もう　慣れました。

学習項目

1. 高校を　卒業してから、東京へ　来ました。
2. アパートを　借りています。
3. 最初は　自分で　料理を　作ることが　できませんでしたが、
今は　時々　作っています。
4. 一人暮らしは　もう　慣れましたか。

練習(れんしゅう)

1　高校(こうこう)を　卒業(そつぎょう)してから、東京(とうきょう)へ　来(き)ました。

かいてみよう　　13-1

イラストを　見(み)て、例(れい)のように　書(か)きましょう。③⑦⑪は　自分(じぶん)で　考(かんが)えましょう。

例(れい)）　①　②

例(れい)）飛行機(ひこうき)の　チケットを　（　買(か)って　）から、日本(にほん)へ　行(い)きます。

① 日本語(にほんご)を　（　　　　　　）から、日本(にほん)へ　行(い)きます。

② 大学(だいがく)を　（　　　　　　）から、日本(にほん)へ　行(い)きます。

③ （　　　　　　　　　）から、日本(にほん)へ　行(い)きます。

④　⑤　⑥

④ 歯(は)を　（　　　　　　）から、寝(ね)ます。

⑤ 彼女(かのじょ)に（　　　　　　）から、寝(ね)ます。

⑥ 明日(あした)の　ネクタイを　（　　　　　　）から、寝(ね)ます。

⑦ （　　　　　　　　　）から、寝(ね)ます。

⑧ シャワーを　（　　　　　　）から、会社(かいしゃ)へ　行(い)きます。

⑨ 新聞(しんぶん)を　（　　　　　　）から、会社(かいしゃ)へ　行(い)きます。

⑩ コーヒーを　（　　　　　　）から、会社(かいしゃ)へ　行(い)きます。

⑪（　　　　　　　　　）から、会社(かいしゃ)へ　行(い)きます。

かいてみよう　はなしてみよう　13-2

例(れい)を　見(み)て、自分(じぶん)の　ことを　書(か)きましょう。それから、話(はな)してみましょう。

例(れい)1）毎朝(まいあさ)、（　ねこに　えさを　あげて　）から、学校(がっこう)へ　行(い)きます。

例(れい)2）いつも、昼(ひる)ご飯(はん)を　食(た)べてから、（　コーヒーを　飲(の)みます　）。

① 毎朝(まいあさ)、（　　　　　　　　　　　　　　　　　）から、学校(がっこう)へ　行(い)きます。

② いつも、昼(ひる)ご飯(はん)を　食(た)べてから、（　　　　　　　　　　　　　　　　　）。

③ よく、（　　　　　　　　　　　　　　　　　）から、家(いえ)へ　帰(かえ)ります。

④ いつも、晩(ばん)ご飯(はん)を　食(た)べてから、（　　　　　　　　　　　　　　　　　）。

きいてみよう　かいてみよう

音声(おんせい)を　聞(き)いて、(　)に　答(こた)えを　書(か)きましょう。

1）A：ここが　銭湯(せんとう)ですね。初(はじ)めて　来(き)ました。

あ、ここで　チケットを　買(か)いますか。

B：ええ。チケットを　（①　　　　　　）から、

中(なか)に　入(はい)ります。

A：えっと、380円(えん)……。あれ？

チケットが　出(で)ませんよ。

B：ああ、先(さき)に　「大人(おとな)　1枚(まい)」の　ボタンを　押(お)してください。

ボタンを　（②　　　　　　）から、お金(かね)を　入(い)れます。

A：あっ、シャンプーを　忘(わす)れました。

B：大丈夫(だいじょうぶ)ですよ。ここで　シャンプーを

（③　　　　　　）ことが　できます。

タオルを　（④　　　　　　）ことも　できますよ。

A：タオルは　あります。

B：じゃ、入(はい)りましょう。

2）A：あ、あの　冷蔵庫(れいぞうこ)に　ビールが　ありますよ。

B：えっ、おふろに（⑤　　　　　　）まえに、

ビールを　飲(の)みますか。だめですよ。

おふろに（⑥　　　　　　）から、

ビールを　飲(の)みましょう。

A：あそこで　服(ふく)を　脱(ぬ)ぎますか。

B：はい、あそこで　服(ふく)を　（⑦　　　　　　）から、入(はい)ります。

3）A：わあ、大(おお)きい　おふろが　ありますね！

入(はい)りましょう。

B：あっ、だめです。湯舟(ゆぶね)に　（⑧　　　　　　）まえに、

体(からだ)を　洗(あら)います。

A：あ、すみません。

B：体(からだ)を　（⑨　　　　　　）から、入(はい)ってください。

A：わかりました。

日本(にほん)の　銭湯(せんとう)や　温泉(おんせん)へ　行(い)ったことが　ありますか。どうでしたか。話(はな)してみましょう。

2 アパートを　借(か)りています。

かいてみよう

13-4

イラストを　見(み)て、例(れい)のように　書(か)きましょう。

例(れい)）エファさん

①わたなべさん

②はせがわさん

③うえださん

④フランクさん

⑤エファさん

⑥お母(かあ)さん

⑦お父(とう)さん

例(れい)）さくらさんは（　エファさん　）［に］（　消(け)しゴム　）［を］　借(か)ります。

① さくらさんは（　　　　）［　　］（　　　　）［　　］　習(なら)います。
② さくらさんは（　　　　）［　　］（　　　　）［　　］　もらいます。
③ さくらさんは（　　　　）［　　］（　　　　）［　　］　借(か)ります。
④ さくらさんは（　　　　）［　　］（　　　　）［　　］　習(なら)います。
⑤ さくらさんは（　　　　）［　　］（　　　　）［　　］　借(か)ります。
⑥ さくらさんは（　　　　）［　　］（　　　　）［　　］　もらいます。
⑦ さくらさんは（　　　　）［　　］（　　　　）［　　］　もらいます。

きいてみよう

13-5

会話を　聞いて　書きましょう。

例）私は　母に　料理を　（　習っています　）。

① 男の　人は　もりもとさんに　バス代を　（　　　　　　　　）。

② 男の　子は　お父さんに　プレゼントを　（　　　　　　　　）。

③ はらださんは　お姉さんに　ワンピースを　（　　　　　　　　）。

④ 私は　おおいしさんに　着物の　着方を　（　　　　　　　　）。

3 最初は　自分で　料理を　作ることが できませんでしたが、今は　時々　作っています。

かいてみよう　はなしてみよう　13-6

例を　見て、□に　答えを　書きましょう。それから、二人で　話しましょう。

例）A：動物が　好きですか。

B：いぬ［は］　好きです［が］、
ねこ［は］　あまり　好きじゃありません。

① A：日本語の　勉強は　どうですか。

B：会話［　　］　おもしろいです［　　］、作文［　　］　好きじゃありません。

② A：仕事は　大変ですか。

B：初め［　　］　大変でした［　　］、今［　　］　おもしろく　なりました。

③ A：よく　旅行しますか。

B：国内旅行［　　］　よく　します［　　］、海外旅行［　　］　あまり　しません。

④ A：この　町は　静かですね。

B：昔［　　］　にぎやかでした［　　］、今［　　］　ちょっと　寂しく　なりました。

⑤ A：一人で　着物を　着ることが　できますか。

B：浴衣［　　］　一人で　着ることが　できます［　　］、
着物［　　］　一人では　難しいです。

⑥ A：来月は　忙しいですか。

B：今月［　　］　あまり　忙しくないです［　　］、
来月［　　］　全然　時間が　ありません。

はなしてみよう

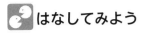

表を　見て、会話を　書きましょう。それから、クラスメイトと　自分の　ことを　話しましょう。

	○	×
例）動物・好き	いぬ	ねこ・あまり
① 日本の　料理・おいしい	寿司	納豆
② 外国語・できます	英語	フランス語
③ スポーツ・好き	野球	サッカー・あまり
④ 日本語の　勉強・難しい	漢字	会話

例）A：（　動物は　好きですか　）。
　　B：（　いぬは　好きです　）が、（　ねこは　あまり　好きじゃありません　）。

① A：（　　　　　　　　　　　　　　　）。
　 B：（　　　　　　　　　　　）が、（　　　　　　　　　　　）。

② A：（　　　　　　　　　　　　　　　）。
　 B：（　　　　　　　　　　　）が、（　　　　　　　　　　　）。

③ A：（　　　　　　　　　　　　　　　）。
　 B：（　　　　　　　　　　　）が、（　　　　　　　　　　　）。

④ A：（　　　　　　　　　　　　　　　）。
　 B：（　　　　　　　　　　　）が、（　　　　　　　　　　　）。

4　一人(ひとり)暮(ぐ)らしは　もう　慣(な)れましたか。

かいてみよう

13-8

例(れい)を　見(み)て、書(か)きましょう。

例(れい)）Ａ：宿題(しゅくだい)は もう しましたか。

Ｂ：いいえ、まだ　（　していません　）。これから　します。

① Ａ：この　本(ほん)は　もう　読(よ)みましたか。

Ｂ：はい、もう　（　　　　　　　　）。おもしろかったです。

② Ａ：昼(ひる)ご飯(はん)は　もう　食(た)べましたか。

Ｂ：いいえ、まだ　（　　　　　　　　）。あとで　食(た)べます。

③ Ａ：日本(にほん)の　食(た)べ物(もの)には　もう　慣(な)れましたか。

Ｂ：はい、もう　（　　　　　　　　）。でも、生(なま)の　魚(さかな)は　少(すこ)し　苦手(にがて)です。

④ Ａ：会社(かいしゃ)の　旅行(りょこう)には　もう　申(もう)し込(こ)みましたか。

Ｂ：いいえ、まだ（　　　　　　　　）。まだ　考(かんが)えています。

⑤ Ａ：プロポーズの　返事(へんじ)は　もう　もらいましたか。

Ｂ：いいえ、まだ（　　　　　　　　）。とても　心配(しんぱい)です。

かいてみよう　はなしてみよう

友達の　誕生日パーティーを　します。リストを　見て、書きましょう。

【リスト】

例１）~~・マリア→部屋を　掃除します~~

例２）・きたむら・もり→買い物に　行きます

~~・カルロス→音楽を　準備します~~

・きもと→プレゼントの　お金を　集めます

・たにもと→プレゼントを　買います

~~・アイン→料理の　メニューを　決めます~~

・つちや→ワインを　注文します

~~・しむら→みんなに　連絡します~~

たなか　：はい、みなさん、パーティーの　準備は　できましたか。
　　　　　マリアさん、もう　部屋を　掃除しましたか。
マリア　：はい、もう（　例１）掃除しました　）。
たなか　：きたむらさんと　もりさんは　買い物ですね。もう　買い物しましたか。
きたむら：いいえ、まだ（　例２）買い物に　行っていません　）。
たなか　：じゃ、今日の　午後　お願いします。えっと、音楽は……。
カルロス：はい、私です。もう（①　　　　　　　　　　）。
　　　　　私は　ギターを　弾くことも　できます。
たなか　：へえ、すごいですね。ありがとう　ございます。

きもと　：みなさん、これから　プレゼントの　お金を　集めます！
たなか　：えっ、まだ（②　　　　　　　　　　）か。　急いでください。
　　　　　たにもとさん、じゃ、プレゼントは　まだですね。
たにもと：はい、まだ（③　　　　　　　　　　）。
たなか　：料理や　飲み物は　どうですか。
アイン　：はい、メニューは　もう（④　　　　　　　　　　）。
つちや　：ジュースは　日曜日に　買います。ワインは　まだ（⑤　　　　　　　　　　）。
たなか　：そうですか。しむらさん、もう　みんなに　連絡しましたか。
しむら　：はい、もう（⑥　　　　　　　　　　）。みんな　来ます。
たなか　：そうですか。楽しみですね！

チャレンジ！

きいてみよう

13-10

音声(おんせい)を　聞(き)いて、下(した)の　文(ぶん)が　内容(ないよう)と　合(あ)っていれば　○、間違(まちが)っていれば　×を　書(か)きましょう。

チョウさんの　スピーチ「私(わたし)の　日本(にほん)の　生活(せいかつ)」

例(れい)1）チョウさんは　中国人(ちゅうごくじん)です。（　○　）

例(れい)2）チョウさんは　東京(とうきょう)に　住(す)んでいます（　×　）

① チョウさんは　日本(にほん)へ　来(く)るまえに、大学(だいがく)で　日本語(にほんご)を　勉強(べんきょう)しました。（　　　）

② チョウさんは　初(はじ)め、日本語(にほんご)が　とても　上手(じょうず)でした。（　　　）

③ 会社(かいしゃ)の　人(ひと)は　チョウさんに　日本語(にほんご)の　本(ほん)を　あげました。（　　　）

④ チョウさんは　日本人(にほんじん)の　友達(ともだち)が　いません。（　　　）

第14課

早く帰ったほうがいいですよ

〈会社で〉

鈴木さんは　具合が　悪そうです。
山田さんは　鈴木さんを　心配しています。
山田さんは　鈴木さんに　なんと　言うでしょうか。

会話(かいわ)

鈴木(すずき)：おはよう　ございます。

山田(やまだ)：鈴木(すずき)さん、おはよう。あれ？　顔(かお)が　少(すこ)し　赤(あか)いですね。

鈴木(すずき)：昨日(きのう)から　少(すこ)し　のどが　痛(いた)くて……。

山田(やまだ)：風邪(かぜ)ですか？　無理(むり)を　しないほうが　いいですよ。
今日(きょう)は　大丈夫(だいじょうぶ)ですから、ゆっくり　休(やす)んでください。
いい　病院(びょういん)を　知(し)っていますよ。

鈴木(すずき)：どこですか。

山田(やまだ)：坂下(さかした)クリニックです。小(ちい)さい　病院(びょういん)ですが、いい　先生(せんせい)が　いますよ。
高橋先生(たかはしせんせい)という　内科(ないか)の　先生(せんせい)です。

鈴木(すずき)：ここから　近(ちか)いですか。

山田(やまだ)：はい、ここが　会社(かいしゃ)で、病院(びょういん)は　ここです。歩(ある)いて　5分(ふん)ぐらいです。
いつも　混(こ)んでいますから、早(はや)く　行(い)ったほうが　いいですよ。

鈴木(すずき)：すみません。では、お先(さき)に　失礼(しつれい)します。

山田(やまだ)：はい。お大事(だいじ)に。

学習項目(がくしゅうこうもく)

1. ない形(けい)
2. 無理(むり)を　しないほうが　いいですよ。
3. 早(はや)く　行(い)ったほうが　いいですよ。
4. いい　病院(びょういん)を　知(し)っています。
5. 高橋先生(たかはしせんせい)という　内科(ないか)の　先生(せんせい)です。

練習（れんしゅう）

1　ない形（けい）

いってみよう　14-1

表（ひょう）を　見（み）て「ない形（けい）」を　言（い）いましょう。

ない形（けい）の　作（つく）り方（かた）

	ます形（けい）	ない形（けい）		ます形（けい）	ない形（けい）
Ⅰ	あいます	あわない	Ⅱ	たべます	たべない
	まちます	またない		ねます	ねない
	とります	とらない		みます	みない
	よみます	よまない		います	いない
	あそびます	あそばない			
	しにます	しなない	Ⅲ	きます	こない
	かきます	かかない		します	しない
	いそぎます	いそがない		べんきょうします	べんきょうしない
	はなします	はなさない			
	いきます	いかない			

かいてみよう　14-2

例（れい）を　見（み）て「ない形（けい）」を　書（か）きましょう。

例（れい））買（か）います（　買（か）わない　）

①　待（ま）ちます（　　　　）　②　食（た）べます（　　　　）
③　飲（の）みます（　　　　）　④　います（　　　　）
⑤　急（いそ）ぎます（　　　　）　⑥　終（お）わります（　　　　）
⑦　休（やす）みます（　　　　）　⑧　コピーします（　　　　）
⑨　来（き）ます（　　　　）　⑩　遊（あそ）びます（　　　　）
⑪　寝（ね）ます（　　　　）　⑫　会（あ）います（　　　　）
⑬　見（み）ます（　　　　）　⑭　取（と）ります（　　　　）

きいてみよう　かいてみよう　14-3

音声を 聞いて、（ ）に 「ない形」を 書きましょう。

① その 教室に（　　　　　　　　）でください。試験を していますから。
② そこに 自転車を（　　　　　　　　）でください。駐輪場は あそこです。
③ 店内で 写真を（　　　　　　　　）でください。
④ 危ないですよ。廊下を（　　　　　　　　）でください。
⑤ 病院で 携帯電話を（　　　　　　　　）でください。
　マナーモードに してください。
⑥ あっ、体を 洗うまえに、湯舟に（　　　　　　　　）でください。
⑦ すみません、今 窓を（　　　　　　　　）でください。寒いです。
⑧ お客様、窓から 手を（　　　　　　　　）でください。大変 危険です。
⑨ みなさん、10時に ここに 集まってください。
　集合時間に（　　　　　　　　）でください。
⑩ 他の 人に 迷惑ですから、大きい 声で（　　　　　　　　）でください。
⑪ 領収書は（　　　　　　　　）でください。 再発行は できません。
⑫ 前の 人を（　　　　　　　　）でください。ゆっくり 歩いてください。

2 無理を しないほうが いいですよ。

かいてみよう　はなしてみよう　14-4

イラストを 見て、書きましょう。それから、二人で 話しましょう。

例） A：昨日から 少し のどが 痛くて……。
　　B：風邪ですか。（ 無理を しない ）ほうが いいですよ。

① A：昨日(きのう)から　おなかが　痛(いた)くて……。

B：そうですか。今日(きょう)は　冷(つめ)たい　ものを　（　　　　　　　　）ほうが

いいですよ。

② A：今朝(けさ)から　ちょっと　のどが　痛(いた)くて……。

B：じゃあ、たばこを　（　　　　　　　　）ほうが　いいですよ。

③ A：最近(さいきん)、目(め)が　悪(わる)く　なりました。

B：うーん、できるだけ　パソコンを　近(ちか)くで（　　　　　　　　）ほうが

いいですよ。

④ A：顔(かお)が　赤(あか)いですね。熱(ねつ)が　ありますか。

B：わかりません……。

A：今晩(こんばん)は　シャワーを　（　　　　　　　　）ほうが　いいですよ。

ゆっくり　寝(ね)てください。

B：ありがとう　ございます。

⑤ A：今晩(こんばん)、フランクさんの　送別会(そうべつかい)が　ありますね。

でも、ちょっと　頭(あたま)が　痛(いた)くて……。

B：風邪(かぜ)ですか。送別会(そうべつかい)に　（　　　　　　　　）ほうが　いいですよ。

私(わたし)が　たなかさんに　連絡(れんらく)します。

A：お願(ねが)いします。すみません。

3 早く　行ったほうが　いいですよ。

かいてみよう

14-5

たにさんと　あおやまさんは　どんな　アドバイスを　しますか。□から　言葉を　選んで、例のように　書きましょう。他に　どんな　アドバイスを　しますか。④と　⑤に　書いてみましょう。

たにさん

~~飲みます~~　行きます
寝ます　休みます

例）薬を　（　飲んだ　）ほうが　いいですよ。

① 病院へ　（　　　　　　　　）ほうが　いいですよ。
② 早く　（　　　　　　　　）ほうが　いいですよ。
③ 会社を　（　　　　　　　　）ほうが　いいですよ。
④ （　　　　　　　　　　　　）ほうが　いいですよ。

あおやまさん

帰ります　手伝います　話します
買っていきます　~~謝ります~~

例）奥さんに　早く　（　謝った　）ほうが　いいですよ。

① 奥さんと　ゆっくり　（　　　　　　　　）ほうが　いいですよ。
② もっと　家事を　（　　　　　　　　）ほうが　いいですよ。
③ 早く　家へ　（　　　　　　　　）ほうが　いいですよ。
④ 花束を　（　　　　　　　　）ほうが　いいですよ。
⑤ （　　　　　　　　　　　　）ほうが　いいですよ。

きいてみよう　かいてみよう

音声(おんせい)を　聞(き)いて、文章(ぶんしょう)を　完成(かんせい)させましょう。

① 時間(じかん)が　ありませんから、（　　　　　　　　　）ほうが　いいです。

② 道(みち)が　混(こ)んでいますから、（　　　　　　　　　）で

（　　　　　　　　　）ほうが　いいです。

③ 少(すこ)し　遅(おく)れますから、やまださんに　（　　　　　　　　　）ほうが　いいです。

④ やまださんに　お土産(みやげ)を（　　　　　　　　　）ほうが　いいです。

⑤ 時間(じかん)が　ありませんから、会社(かいしゃ)の　前(まえ)の　店(みせ)で（　　　　　　　　　）を

（　　　　　　　　　）ほうが　いいです。

4　いい　病院を　知っています。

はなしてみよう　かいてみよう

14-7

例のように　話しましょう。それから、書きましょう。

例1）A：いい　レストランを　知っていますか。
　　　B：はい、（　知っています　）。会社の　近くに　ありますよ。

例2）A：安い　スーパーを　知っていますか。
　　　B：いいえ、（　知りません　）。すみません。

① A：さかもとさんの　電話番号を　知っていますか。
　 B：いいえ、（　　　　　　　　）。メールアドレスは　わかりますよ。

② A：やましたさんの　コンサートは　あさってですね。
　　　あおやまさん、市民ホールを　知っていますか。
　 B：いいえ、（　　　　　　　　）。どこに　ありますか。
　 A：じゃ、あさって　一緒に　行きましょう。

③ A：たばた先生を　知っていますか。明日、この　病院へ　行きます。
　 B：はい、（　　　　　　　　）。いい　先生ですよ。

④ A：いい　日本語の　学習サイトを　知っていますか。
　 B：そうですねえ……。すみません、あまり（　　　　　　　　）。

⑤ A：浴衣の　着方を　知っていますか。明日、花火大会が　ありますから、着たいです。
　 B：はい、（　　　　　　　　）。簡単ですから、教えますよ。
　 A：ありがとうございます！

⑥ A：駅の　前に　新しい　カレー屋が　できましたね。知っていますか。
　 B：はい、（　　　　　　　　）。たかはしさんと　一緒に　行きました。

⑦ A：これ、新しい　ゲームです。とても　おもしろいですよ。知っていますか。
　 B：いいえ、（　　　　　　　　）。ゲームは　しませんから。

5 高橋先生(たかはしせんせい)という　内科(ないか)の　先生(せんせい)です。

かいてみよう

14-8

イラストを　見(み)て、例(れい)のように　書(か)きましょう。

例(れい)）どらやき

①さんま

②東大寺(とうだいじ)

③肉(にく)じゃが

④阿蘇山(あそさん)

⑤アルク

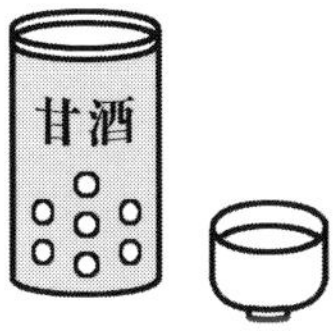

⑥甘酒(あまざけ)

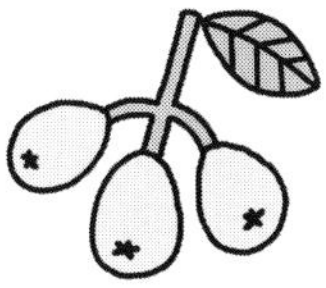

⑦びわ

会社(かいしゃ)	お寺(てら)	料理(りょうり)	~~お菓子(かし)~~	魚(さかな)	飲(の)み物(もの)	果物(くだもの)	山(やま)

例(れい)）これは　（　どらやき　）という　（　お菓子(かし)　）です。

① これは　（　　　　　　）　という　（　　　　　　）です。
② これは　（　　　　　　）　という　（　　　　　　）です。
③ これは　（　　　　　　）　という　（　　　　　　）です。
④ これは　（　　　　　　）　という　（　　　　　　）です。
⑤ これは　（　　　　　　）　という　（　　　　　　）です。
⑥ これは　（　　　　　　）　という　（　　　　　　）です。
⑦ これは　（　　　　　　）　という　（　　　　　　）です。

きいてみよう　かいてみよう

14-9

音声(おんせい)を　聞(き)いて、例(れい)のように　書(か)きましょう。

例(れい)）A：家族(かぞく)と　鎌倉(かまくら)へ　旅行(りょこう)に　行(い)きます。
　　なかいさんは（　おいしい　レストラン　）を　知(し)りませんか。
　B：ええ、（　はとや　）という　レストランが　いいですよ。
　A：そうですか。ありがとう　ございます。

① A：明日(あした)、デートの　約束(やくそく)が　あります。
　B：えっ、デートですか。いいですね。
　A：ええ。（　　　　　　　　　　　）を　知(し)りませんか。
　B：そうですねえ、（　　　　　　　　）という　カフェが
　　おすすめです。
　A：（　　　　　　　　）ですね。ありがとう　ございます。

② A：来月(らいげつ)、アメリカから　友達(ともだち)が　来(き)ます。
　　しみずさんは（　　　　　　　　　　　）を　知(し)りませんか。
　B：（　　　　　　　　）という　ホテルは　いいですよ。
　A：ありがとう　ございます。

③ A：えんどうさん、今晩(こんばん)　飲(の)みに　行(い)きませんか。
　B：いいですね！どこへ　行(い)きますか。
　　（　　　　　　　　　　　）を　知(し)りませんか。
　A：（　　　　　　　　）という　バーを　知(し)っていますか。
　B：いいえ、知(し)りません。行(い)きたいです。

④ A：いとうさんの　出身(しゅっしん)は　東京(とうきょう)でしたよね。
　　東京(とうきょう)の（　　　　　　　　　　　）を　知(し)りませんか。
　　来月(らいげつ)、山口(やまぐち)の　友達(ともだち)の　ところへ　遊(あそ)びに　行(い)きます。
　B：うーん、（　　　　　　　　）という　お菓子(かし)は　どうですか。
　A：あ、知(し)っています。浅草(あさくさ)の　お土産(みやげ)ですね。じゃあ、それに　します。

⑤ A：お酒が 好きですから、日本の お酒が 飲みたいです。
えんどうさん、(　　　　　　　　　　　　　)を 知りませんか。
B：(　　　　　　　　　)という お酒が おいしいですよ。
今度、一緒に 飲みに 行きませんか。
A：いいですね！

音声を 聞いて、繰り返して 発音してみましょう。アクセントや 文全体の 上がり、下がりに注意しましょう。

チャレンジ！

よんでみよう

14-10

文章を　読んで、下の　文が　内容と　合っていれば　○、間違っていれば　×を　書きましょう。

悩み相談室

Aさん（28歳、男性）

私は　よく　忘れます。会社で　いろいろな　仕事や　約束が　あります。会議の　時間を　忘れますから、課長や　同僚に　なん回も　聞きます。先週　結婚記念日を　忘れました。妻は　とても　怒っています。

はらだ先生

Aさんは　約束や　会議の　時間を　メモしていますか。私も　以前は　メモしていませんでしたから、よく　忘れました。今は　いつも　小さい　ノートに　メモしています。それから、スマホの　「わすれんぼ」という　機能を　知っていますか。予定や　約束を　記録してください。その　約束の　時間の　前に　メッセージが　届きますから、忘れませんよ。

例1）Aさんは　28歳です。　（ ○ ）
例2）Aさんは　女の　人です。　（ × ）

① Aさんは　会議の　時間を　よく　忘れます。　（　　）
② Aさんが　なん回も　聞きますから、奥さんは　とても　怒っています。　（　　）
③ Aさんは　これから　メモしないほうが　いいです。　（　　）
④ スマホに　「わすれんぼ」という　機能が　あります。　（　　）
⑤ Bさんは　メッセージを　送ったほうが　いいです。　（　　）

第15課

病気だそうです

〈web で〉

鈴木さんは　まだ　具合が　悪そうです。
グエンさんと　病気について　話しています。
病気の　ときは　どうしたら　いいでしょうか。

会話(かいわ)

グエン：鈴木(すずき)さん、よく　なりましたか。

鈴　木(すずき)：はい、おかげさまで。山田(やまだ)さんに　聞(き)いた　病院(びょういん)へ　行(い)きました。
とても　いい　お医者(いしゃ)さんが　いました。

グエン：お医者(いしゃ)さんは　なんて？

鈴　木(すずき)：風邪(かぜ)だそうです。水(みず)を　たくさん　飲(の)んだほうが　いいそうです。

グエン：果物(くだもの)も　たくさん　食(た)べたほうが　いいですよ。
一人暮(ひとりぐ)らしは　大変(たいへん)でしょう。

鈴　木(すずき)：そうですね。でも、病気(びょうき)の　ときは　大変(たいへん)ですが、自由(じゆう)で　いいですよ。

グエン：そうですか。私(わたし)は　家族(かぞく)と　過(す)ごすほうが　好(す)きです。
家族(かぞく)を　助(たす)けることも　大切(たいせつ)だと　思(おも)います。

学習項目(がくしゅうこうもく)

1. 普通形(ふつうけい)
2. 山田(やまだ)さんに　聞(き)いた　病院(びょういん)へ　行(い)きました。
3. 風邪(かぜ)だそうです。
4. 一人暮(ひとりぐ)らしは　大変(たいへん)でしょう。
5. 家族(かぞく)を　助(たす)けることも　大切(たいせつ)だと　思(おも)います。

練習

1 普通形

いってみよう

15-1

表を　見て「普通形」を　言いましょう。

普通形

	ます形	普通形			
Ⅰ	かいます	かう	かわない	かった	かわなかった
	かきます	かく	かかない	かいた	かかなかった
	いそぎます	いそぐ	いそがない	いそいだ	いそがなかった
	はなします	はなす	はなさない	はなした	はなさなかった
	まちます	まつ	またない	まった	またなかった
	あそびます	あそぶ	あそばない	あそんだ	あそばなかった
	よみます	よむ	よまない	よんだ	よまなかった
	かえります	かえる	かえらない	かえった	かえらなかった
	いきます	いく	いかない	いった	いかなかった
Ⅱ	たべます	たべる	たべない	たべた	たべなかった
	ねます	ねる	ねない	ねた	ねなかった
	あびます	あびる	あびない	あびた	あびなかった
	おります	おりる	おりない	おりた	おりなかった
Ⅲ	します	する	しない	した	しなかった
	きます	くる	こない	きた	こなかった
	かいものします	かいものする	かいものしない	かいものした	かいものしなかった
	もってきます	もってくる	もってこない	もってきた	もってこなかった
い形容詞	おおきいです	おおきい	おおきくない	おおきかった	おおきくなかった
	いそがしいです	いそがしい	いそがしくない	いそがしかった	いそがしくなかった
	いいです	いい	よくない	よかった	よくなかった
な形容詞	げんきです	げんきだ	げんきじゃない	げんきだった	げんきじゃなかった
	たいへんです	たいへんだ	たいへんじゃない	たいへんだった	たいへんじゃなかった
名詞	あめです	あめだ	あめじゃない	あめだった	あめじゃなかった
	びょうきです	びょうきだ	びょうきじゃない	びょうきだった	びょうきじゃなかった

かいてみよう

15-2

例を　見て「普通形」を　書きましょう。

例）買います（　買う　）

① 急ぎます（　　　　　）　② わかりません（　　　　　）

③ 降りました（　　　　　）　④ 来ませんでした（　　　　　）

⑤ 借りました（　　　　　）　⑥ ありません（　　　　　）

⑦ 掃除します（　　　　　）　⑧ 話しませんでした（　　　　　）

⑨ うれしかったです（　　　　　）　⑩ 静かです（　　　　　）

⑪ 暇じゃありません（　　　　　）　⑫ 親切でした（　　　　　）

⑬ 行かないほうが　いいです（　　　　　）

⑭ 書くことが　できます（　　　　　）

⑮ 食べています（　　　　　）

2　山田さんに　聞いた　病院へ　行きました。

かいてみよう

15-3

イラストを　見て、例のように　書いてみましょう。

例）どんな　鞄ですか。

（　　私の　　）鞄

（　　小さい　　）鞄

（　昨日　買った　）鞄

① どんな　お菓子ですか。

やまださんに（　　　　　　　　）お菓子

（　　　　　　　　）お菓子

（　　　　　　　　）お菓子

② どんな　ワインですか。

インターネットで（　　　　　　　　　　）ワイン

（　　　　　　　　　　　　　　　　　　）ワイン

（　　　　　　　　　　　　　　　　　　）ワイン

③ どんな　公園(こうえん)ですか。

子供(こども)の　とき、（　　　　　　　　　　）公園(こうえん)

（　　　　　　　　　　　　　　　　　　）公園(こうえん)

（　　　　　　　　　　　　　　　　　　）公園(こうえん)

④ どんな　いぬですか。

（　　　　　　　　　　　　　　　　　　）いぬ

（　　　　　　　　　　　　　　　　　　）いぬ

（　　　　　　　　　　　　　　　　　　）いぬ

⑤ どんな　歌(うた)ですか。

英語(えいご)の　授業(じゅぎょう)で（　　　　　　　　　　）歌(うた)

（　　　　　　　　　　　　　　　　　　）歌(うた)

（　　　　　　　　　　　　　　　　　　）歌(うた)

⑥ どんな　先生(せんせい)ですか。

高校(こうこう)のとき（　　　　　　　　　　）先生(せんせい)

（　　　　　　　　　　　　　　　　　　）先生(せんせい)

（　　　　　　　　　　　　　　　　　　）先生(せんせい)

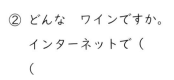

かいてみよう　はなしてみよう　15-4

ある学校の　学園祭です。イラストを　見て、例のように　書きましょう。学園祭について、インターネットで　調べてみましょう。

例）A：あの（　着物を　着ている　）女の　人は　だれですか。
　　B：やまもとさんです。

① A：あの（　　　　　　　　　　　）女の　人は　どなたですか。
　 B：さいとうさんの　お母様です。

② A：あの（　　　　　　　　　　　）男の　人は　どなたですか。
　 B：新しい　日本語の　先生です。

③ A：あの（　　　　　　　　　　　）人は　だれですか。
　 B：私の　兄です。

④ A：あの（　　　　　　　　　　　）女の　人は　だれですか。
　 B：エファさんです。

⑤ A：あの（　　　　　　　　　　　）学生は　だれですか。
　 B：シスカさんです。インドネシアからの　留学生です。

⑥ A：あの（　　　　　　　　　　　）男の　人は　だれですか。
　 B：え！　さくらぎけんたですよ！　今、人気が　ある　俳優です！

かいてみよう　よんでみよう

15-5

すずきさんは　どこへ　行きましたか。なにを　しましたか。イラストを　見て、書きましょう。それから、文章を　読んでみましょう。

私は　昨日、あおやまさんの　お宅へ　行きました。
あおやまさんは　同じ　会社の　人です。
あおやまさんが　（例）働いている　）部は　総務部です。
あおやまさんが　（①　　　　　　）ところは　横浜です。
あおやまさんは　ご主人と　二人で　住んでいます。
私は（②　　　　　　）お土産を　持っていきました。
あおやまさんの　ご主人は　料理が　とても　上手で、
（③　　　　　　）料理を　食べました。
とても　楽しい　一日でした。

今日、とても　有名な　ケーキ屋で　ケーキを　食べました。
新しい　ショッピングモールに　（④　　　　　　）お店です。
いつも、店の　前に　たくさんの　人が　並んでいます。
パティシエは　パリで　お菓子作りを
（⑤　　　　　　）人だそうです。
ケーキは　とても　きれいです。でも　高いです。
先週　（⑥　　　　　　）ケーキは
いちごの　ケーキでした。
今日は　チョコレートの　ケーキに　しました。

3 風邪だそうです。

かいてみよう

15-6

イラストを　見て、　例のように　書いてみましょう。

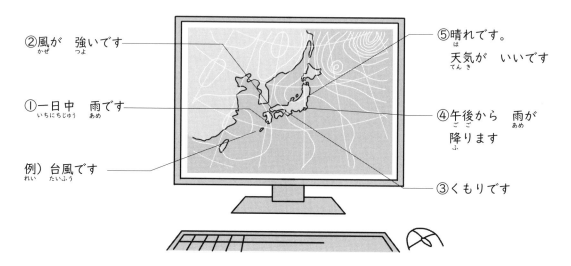

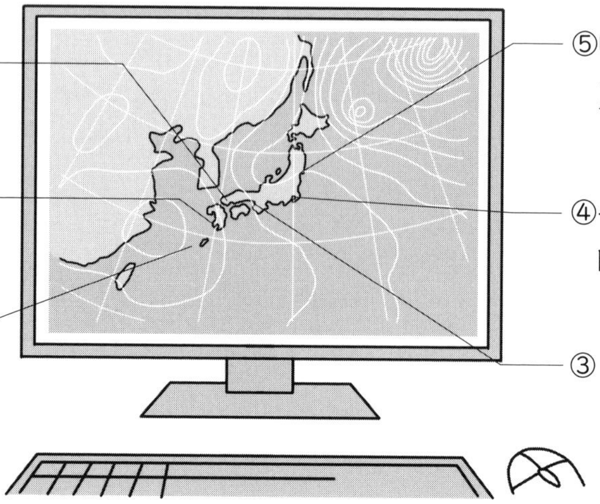

例）インターネットで　見ました。

沖縄は　（　台風だ　）そうです。

① インターネットで　見ました。

鹿児島は　（　　　　　　　　　　）そうです。

② インターネットで　見ました。

広島は　（　　　　　　　　　　）そうです。

③ インターネットで　見ました。

大阪は　（　　　　　　　　　　）そうです。

④ インターネットで　見ました。

東京は　（　　　　　　　　　　）そうです。

⑤ インターネットで　見ました。

仙台は　（　　　　　　　　　　）そうです。

天気が　（　　　　　　　　　　）そうです。

きいてみよう　かいてみよう

15-7

音声を　聞いて、例のように　書きましょう。

例）（　風邪です　）ね。

① インフルエンザ（　　　　　　　　　　）よ。

② ゆっくり（　　　　　　　　　　）よ。

③ お酒は（　　　　　　　　　　）よ。

④ 熱は（　　　　　　　　　　）よ。

⑤ インフルエンザが（　　　　　　　　　　）よ。

⑥ 薬は（　　　　　　　　　　）よ。

⑦ 明日、注射を（　　　　　　　　　　）ね。

すずきさん

はなしてみよう

15-8

例のように　二人で　話しましょう。

例）かとう：お医者さんは　なんて？
　　すずき：（　風邪だ　）そうです。

① かとう：お医者さんは　なんて？
　すずき：インフルエンザ（　　　　　　　　　　）そうです。

② かとう：お医者さんは　なんて？
　すずき：ゆっくり（　　　　　　　　　　）そうです。

③ かとう：お医者さんは　なんて？
　すずき：お酒は（　　　　　　　　　　）そうです。

④ かとう：お医者さんは　なんて？
　すずき：熱は（　　　　　　　　　　）そうです。

⑤ かとう：お医者さんは　なんて？
　すずき：インフルエンザが（　　　　　　　　　　）そうです。

⑥ かとう：お医者さんは　なんて？
　すずき：薬は（　　　　　　　　　　）そうです。

⑦ かとう：お医者さんは　なんて？
　すずき：明日　注射を（　　　　　　　　　　）そうです。

4 一人暮らしは　大変でしょう。

きいてみよう　かいてみよう　15-9

音声を　聞いて、例のように　書きましょう。

例）Ａ：日本語の　勉強は（　大変　）でしょう。
　　Ｂ：いいえ、（　楽しい　）ですよ。

① Ａ：日本語は　（　　　　　　）でしょう。
　Ｂ：いいえ、日本語は　中国語より　（　　　　　　）ですよ。

② Ａ：日本は　物価が（　　　　　　）でしょう。
　Ｂ：そうですね。でも、100円ショップが　ありますから。

③ Ａ：わー、見てください。ここの　桜は　本当に　（　　　　　　）でしょう。
　Ｂ：ええ、本当に！

④ Ａ：東京の　人は　（　　　　　　）でしょう。
　Ｂ：いいえ、そんなこと　ないですよ。みなさん　優しいですよ。

⑤ Ａ：納豆は　（　　　　　　）でしょう。
　Ｂ：初めは　食べることが　できませんでしたが、今は　とても　好きです。

⑥ Ａ：満員電車は　（　　　　　　）でしょう。
　Ｂ：そうですね。でも、もう　慣れました。

きいてみよう　かいてみよう　15-10

音声を　聞いて、文章を　完成させましょう。

①男の　人は　山へ　行きました。山の　上で　（　　　　　　）ました。
　男の　人は　とても　（　　　　　　）。

② 女の　人は　本を　読みました。その　本は　とても（　　　　　　）本です。
　でも、あまり（　　　　　　）です。

5　家族を　助けることも　大切だと　思います。

はなしてみよう

15-11

イラストを　見て、例のように　書いてみましょう。はい、いいえは　自由に　選びましょう。

例）A：この　女の　人は　だれを　待っていると　思いますか。

　　B：（　友達を　待っている　）と　思います。

① A：この　女の　人は　なにを　持っていると　思いますか。

　B：（　　　　　　　　　　　　　　　　）と　思います。

② A：この　女の　人は　どのくらい　待っていると　思いますか。

　B：（　　　　　　　　　　　　　　　　）と　思います。

③ A：この　男の　人は　学生だと　思いますか。

　B：はい・いいえ、（　　　　　　　　）と　思います。

④ A：この　男の　人は　中国語が　できる　と　思いますか。

　B：はい・いいえ、（　　　　　　　　）と　思います。

⑤ A：この　女の　人は　これから　どこへ　行くと　思いますか。

　B：（　　　　　　　　　　　　　　　　　）と　思います。

⑥ A：この　女の　人は　料理が　上手だと　思いますか。

　B：はい・いいえ　（　　　　　　　）と　思います。

かいてみよう　はなしてみよう

イラストや　表を　見て、(　　)に　自分の　予想を　書きましょう。それから、クラスメイトと　話しましょう。

① A：10年後、この　町は　どう　なると　思いますか。

　B：そうですねえ、(　　　　　　　　　　　　)と　思います。

② A：駅前に　スーパーが　できるそうですね。

　B：ええ、(　　　　　　　　　　　　)と　思います。

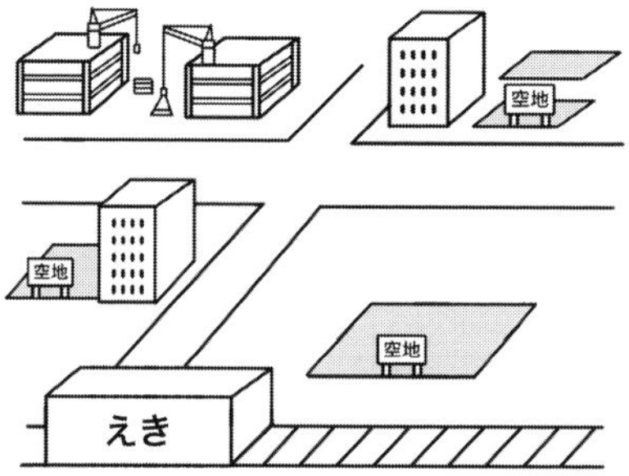

③ A：これから　地球の　気温は　どう　なると　思いますか。

　B：多分(　　　　　　　　　　　　)と　思います。

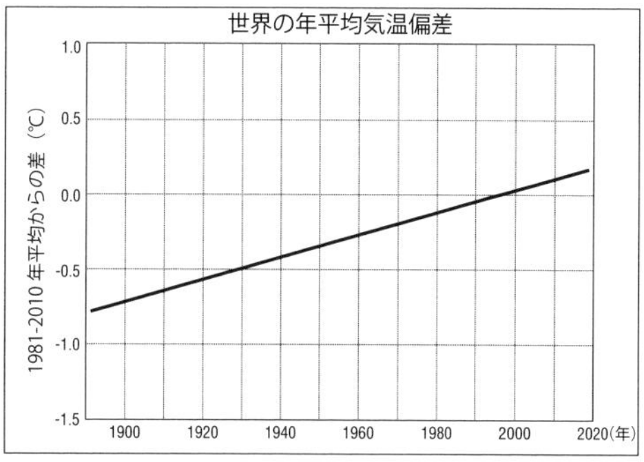

④ A：20年後、日本の　人口は　どう　なると　思いますか。

　B：うーん、(　　　　　　　　　　　　)と　思います。

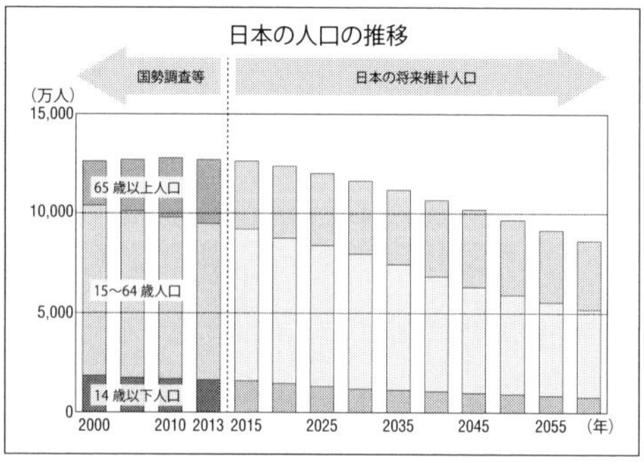

かいてみよう　はなしてみよう

15-13

□から　言葉を　選んで、例のように　書きましょう。それから、二人で　話しましょう。

① A　：日本の　アニメについて、どう　思いますか。

B１：(例) おもしろい　) と　思います。それに、

絵が（　　　　　　　　　　）と　思います。

B２：私は　あまり　（　　　　　　　　　　）

と　思います。少し　子供っぽいです。

> ~~おもしろいです~~
> おもしろくないです
> きれいです

② A　：小学生に　スマートフォンは　必要ですか。

B１：はい、（　　　　　　　　　　）と

思います。いつでも　親に　連絡できますから。

B２：私は（　　　　　　　　　　）と　思います。

子供に　よくない　サイトも　たくさん　ありますから。

> 必要じゃありません
> 必要です

③ A　：都会と　田舎と　どちらが　いいと　思いますか。

B１：都会のほうが　いいと　思います。

田舎より　いい　学校や　大きい　病院などが

たくさん　（　　　　　　　　　　）と　思います。

B２：田舎のほうが　いいと　思います。子供たちは　山や　川で　遊ぶことが

（　　　　　　　　　　）と　思います。

> あります
> 必要です

④ A　：英語の　勉強について、どう　思いますか。

B１：小学生も　英語を

（　　　　　　　　　　）と　思います。

英語は　とても　大切な　言葉ですから。

B２：私は　そう　思いません。

英語は　大切ですが、日本語は　もっと

（　　　　　　　　　　）と　思います。

> 大切です
> 勉強したほうが　いいです

⑤ A　：大学生は　一人暮らししたほうが　いいと　思いますか。

B１：一人暮らしは　自由ですが、病気の　とき、

（　　　　　　　　　　）と　思います。

B２：確かに　そうですが、料理や　掃除が（　　　　　　　　　　）と

思います。

一人暮らししたほうが　いいと　思います。

> 大変です
> 練習できます

チャレンジ！

はなしてみよう

15-14

209ページの　会話(かいわ)を　読(よ)んでみましょう。どちらの　意見(いけん)に　賛成(さんせい)ですか。クラスメイトと　話(はな)しましょう。

① 私(わたし)は（　　　　　　　　　　）と　思(おも)います。

（　　　　　　　　　　）から。

② 私(わたし)は（　　　　　　　　　　）と　思(おも)います。

（　　　　　　　　　　）から。

③ 私(わたし)は（　　　　　　　　　　）と　思(おも)います。

（　　　　　　　　　　）から。

④ 私(わたし)は（　　　　　　　　　　）と　思(おも)います。

（　　　　　　　　　　）から。

⑤ 私(わたし)は（　　　　　　　　　　）と　思(おも)います。

（　　　　　　　　　　）から。

著者・監修者紹介

監修：**山田智久**（やまだともひさ）

西南学院大学外国語学部外国語学科教授
ロンドン大学教育研究所より修士号（MA in Modern Languages in Education）、北海道大学より博士号（学術）を取得。ロンドン大学東洋アフリカ学院ランゲージセンター、佐賀大学留学生センター、北海道大学高等教育推進機構を経て2021年より現職。主な著書に『ICTの活用（第二版）』（くろしお出版）、『日本語教材研究の視点』（分担共著、くろしお出版）、『日本語教師のためのアクティブ・ラーニング』（共著、くろしお出版）等がある。

著者：**藤田百子**（ふじたももこ）

早稲田大学大学院日本語教育研究科修士課程修了。現在、早稲田大学日本語教育研究センター非常勤インストラクター、東京外国語大学留学生日本語教育センター非常勤講師などを務める。著書に『TRY! START にほんごはじめよう』（共著、アスク出版）がある。

アクセス日本語

発行日　2021年9月17日（初版）

監修：山田 智久
著者：藤田 百子

編集	株式会社アルク日本語編集部
翻訳	DO THI HOAI THU、株式会社アミット
装丁	早坂 美香（SHURIKEN Graphic）
イラスト	森 麻衣
ナレーション	大山尚雄、茜月祐衣香、辰井洋介、堀之内宙、吉田友香
録音・編集	株式会社メディアスタイリスト
本文デザイン・DTP	有限会社ギルド
印刷・製本	萩原印刷株式会社

発行者　天野 智之
発行所　株式会社アルク
〒102-0073 東京都千代田区九段北 4-2-6
市ヶ谷ビル
Website：https://www.alc.co.jp/

地球人ネットワークを創る

アルクのシンボル
「地球人マーク」です。

PC：7021051
ISBN：978-4-7574-3927-6

アクセス日本語

別冊

語彙リスト（ベトナム語、中国語、英語）

本冊練習問題解答

アルク

語彙（ごい）

第1課（だいいっか） はじめまして！

こんにちは	xin chào! (Chào ban ngày)	你好（用于白天）	hello
…さん	anh/ chị/ ông/ bà…	…先生 / 女士	Mr./ Mrs./ Miss/ Ms.…
はい　いいえ	vâng　không	是　不是	yes　no
はじめまして	rất vui lần đầu tiên được gặp (bạn/ anh/ chị...)	初次见面	nice to meet you
大学（だいがく）	đại học	大学	university
こちらこそ	tôi cũng vậy	我才是	me too/ likewise
こちら	đây/ đằng này	这位	this
お名前（なまえ）（名前（なまえ））	tên	姓名	name
私（わたし）	tôi	我	I
会社員（かいしゃいん）　社員（しゃいん）	nhân viên công ty　nhân viên	公司员工　员工	company employee　employee
学生（がくせい）	sinh viên	学生	student
大学生（だいがくせい）	sinh viên đại học	大学生	university student
先生（せんせい）　教師（きょうし）	giáo viên	老师　教师	teacher
看護師（かんごし）	y tá	护士	nurse
介護士（かいごし）	nhân viên chăm sóc/ hộ lý	护理师	caregiver
医師（いし）（医者（いしゃ））	bác sỹ	医师（医生）	doctor
主婦（しゅふ）	người nội trợ	家庭主妇	housewife
保育士（ほいくし）	cô trông trẻ/ giáo viên mầm non	幼师	childminder/ nursery teacher
銀行員（ぎんこういん）	nhân viên ngân hàng	银行职员	banker
ご出身（しゅっしん）（出身（しゅっしん））	xuất thân	出生或成长的地方	origin
ケアセンター	trung tâm chăm sóc	护理中心	care center
銀行（ぎんこう）	ngân hàng	银行	bank
病院（びょういん）	bệnh viện	医院	hospital
高校（こうこう）	trường cấp 3	高中	high school
保育園（ほいくえん）	trường mầm non	幼儿园	nursery school
名刺（めいし）	danh thiếp	名片	business card
（株）（かぶ）　株式会社（かぶしきがいしゃ）	cổ phiếu/ công ty cổ phần	股份有限公司	Co./ Ltd.
数字（すうじ）	số	数字	numbers
時間（じかん）	thời gian	时间	time
半（はん）	nửa	半	half

今（いま）	bây giờ	现在	now
なん時（じ）	mấy giờ	几点	what time
午前（ごぜん）　午後（ごご）	buổi sáng　buổi chiều	上午　下午	A.M./ in the morning　P.M./ in the afternoon
～時（じ）	~ giờ	～点	~ o'clock
すみません	Phiền anh/ chị chút ạ!　xin lỗi	打扰一下　对不起	excuse me　I am sorry
クリニック	phòng khám	诊所	clinic

第（だい）2課（か）　それはなんですか

これ　それ　あれ	cái này　cái đó　cái kia	这个　那个　那个（较远的地方）	this　that　that
なん　なに（何）	cái gì	什么	what
この　その　あの	này　đó　kia	（接名词）这个　那个　那个（较远的地方）	(pre-nominal) this…　that…　that...
スマートフォン（スマホ）	điện thoại thông minh	智能手机	smartphone
本（ほん）	sách	书	book
車（くるま）	ô tô	车	car
雑誌（ざっし）	tạp chí	杂志	magazine
だれ	ai	谁	who
友達（ともだち）	bạn	朋友	friend
アニメ	phim hoạt hình	动画片	anime
傘（かさ）	ô/ dù	伞	umbrella
ノート	vở	笔记本	notebook
財布（さいふ）	ví	钱包	wallet
教科書（きょうかしょ）	sách giáo khoa	教科书	textbook
鍵（かぎ）	chìa khóa	钥匙	key
ボールペン	bút bi	圆珠笔	ballpoint pen
鞄（かばん）	cặp sách/ túi xách	包	bag
鉛筆（えんぴつ）	bút chì	铅笔	pencil
タブレット	máy tính bảng	平板电脑	tablet
塩（しお）	muối	盐	salt
砂糖（さとう）	đường	砂糖	sugar
牛肉（ぎゅうにく）　豚肉（ぶたにく）　鶏肉（とりにく）	thịt bò　thịt lợn　thịt gà	牛肉　猪肉　鸡肉	beef　pork　chicken
そば	mì soba	荞麦面	soba (buckwheat noodles)
うどん	mì udon	乌冬面	udon noodles
肉（にく）	thịt	肉	meat

魚(さかな)	cá	鱼	fish
コーヒー	cà phê	咖啡	coffee
新聞(しんぶん)	báo	报纸	newspaper
ファッション	thời trang	时尚	fashion
家(いえ)	ngôi nhà	家	house/ home
自転車(じてんしゃ)	xe đạp	自行车	bicycle
日本(にほん)	Nhật Bản	日本	Japan
アメリカ	Mỹ	美国	United States
ドイツ	Đức	德国	Germany
ベトナム	Việt Nam	越南	Vietnam
イタリア	Ý(Italia)	意大利	Italy
ブラジル	Brazil	巴西	Brazil
英語(えいご)	Tiếng Anh	英语	English
日本語(にほんご)	Tiếng Nhật	日语	Japanese
中国語(ちゅうごくご)	Tiếng Trung Quốc	中文	Chinese
どこ	ở đâu/ chỗ nào	哪里	where
チョコレート	sô cô la	巧克力	chocolate
フランス	Pháp	法国	France
映画(えいが)	phim	电影	movies
インドネシア	Indonesia	印度尼西亚	Indonesia
うち	nhà	我家	home
眼鏡(めがね)	kính mắt	眼镜	glasses
帽子(ぼうし)	mũ	帽子	hat
消(け)しゴム	cái tẩy	橡皮	eraser
よかったら	nếu được thì...	不介意的话	If you like...

第(だい)3課(か) コピー機(き)はどこですか

コピー	copy	复印	copy
ここ　そこ　あそこ	ở đây　ở đó　ở kia	这里　那里　那里（较远的地方）	here　there　over there
コピー機(き)	máy Photo Copy	复印机	copy machine
います　あります	có	有／在	…is/there is…
それから	sau đó/ tiếp đó	然后	then
総務部(そうむぶ)	phòng hành chính/ phòng tổng vụ	总务部	General Affairs Department
～階(かい)	~tầng	～楼	~st / ~nd / ~th floor

営業部(えいぎょうぶ)	phòng kinh doanh	销售部	Sales Department
受付(うけつけ)	tiếp tân/ lễ tân	接待	reception
会議室(かいぎしつ)	phòng họp	会议室	conference room
トイレ	toa lét/ nhà vệ sinh	厕所	toilet
応接室(おうせつしつ)	phòng tiếp khách	接待室	reception room
休憩室(きゅうけいしつ)	phòng nghỉ giải lao	休息室	lounge
経理部(けいりぶ)	phòng kế toán	会计部	Accounting Department
郵便局(ゆうびんきょく)	bưu điện	邮局	post office
公園(こうえん)	công viên	公园	park
カフェ	cà phê	咖啡店	cafe
駅(えき)	ga/ nhà ga	站（电车、地铁）	station
学校(がっこう)	trường học	学校	school
会社(かいしゃ)	công ty	公司	company
この辺(あた)り	khu vực này	这周围	around here
卵(たまご)	trứng	鸡蛋	egg
こちら　そちら　あちら	ở đây/ đây　ở đó/ đó　ở kia/ kia	这里　那里　那里（较远的地方）	here　there　over there
牛乳(ぎゅうにゅう)	sữa bò	牛奶	milk
調味料(ちょうみりょう)	gia vị	调味料	seasoning
お菓子(かし)（菓子(かし)）	kẹo	零食	snacks
野菜(やさい)	rau	蔬菜	vegetable
飲(の)み物(もの)	đồ uống	饮料	drinks
果物(くだもの)	hoa quả	水果	fruit
トマト	cà chua	番茄	tomato
オレンジ	cam	橙子	orange
しょうゆ	xì dầu	酱油	soy sauce
ポテトチップス	khoai tây chiên	薯片	potato chips
お茶(ちゃ)	trà	茶	tea
ビール	bia	啤酒	beer
パソコン	máy vi tính cá nhân	电脑	PC
男(おとこ)の子(こ)　女(おんな)の子(こ)	bé trai　bé gái	男孩　女孩	boy　girl
男(おとこ)の人(ひと)　女(おんな)の人(ひと)	người nam　người nữ	男人　女人	man　woman
スーパー	siêu thị	超市	supermarket
いぬ	chó	狗	dog
自動販売機(じどうはんばいき)	máy bán hàng tự động	自动售货机	vending machine
いす	ghế	椅子	chair

前（まえ）	trước	前面	in front of/ before
後ろ（うし）	sau	后面	behind/ back
上（うえ）	trên	上面	on top of/ top/ up
下（した）	dưới	下面	under/ bottom/ down
横（よこ）	ngang/ bên cạnh	旁边	beside/ next to/ by
中（なか）	trong	里面	inside
外（そと）	ngoài	外面	outside
間（あいだ）	giữa	中间	between
本棚（ほんだな）	giá sách	书架	bookshelf
ごみ箱（ばこ）（ゴミ箱（ばこ））	thùng rác	垃圾箱	trash can
机（つくえ）	bàn	书桌	desk
りんご	táo	苹果	apple
お皿（さら）（皿（さら））	cái đĩa	盘子	plate
ワイン	rượu vang	葡萄酒	wine
木（き）	cây	树	wood
右（みぎ）　左（ひだり）	bên phải　bên trái	右　左	right　left
ドア	của/ cánh của	门	door
ベッド	giường	床	bed

第4課（だいか）　週末（しゅうまつ）はなにをしますか

一週間（いっしゅうかん）	một tuần	一周	one week
今日（きょう）	hôm nay	今天	today
明日（あした）	ngày mai	明天	tomorrow
あさって	ngày kia	后天	day after tomorrow
月曜日（げつようび）	thứ hai	周一	Monday
火曜日（かようび）	thứ ba	周二	Tuesday
水曜日（すいようび）	thứ tư	周三	Wednesday
木曜日（もくようび）	thứ năm	周四	Thursday
金曜日（きんようび）	thứ sáu	周五	Friday
土曜日（どようび）	thứ bảy	周六	Saturday
日曜日（にちようび）	chủ nhật	周日	Sunday
週末（しゅうまつ）	cuối tuần	周末	weekend
します	làm	做	to do
勉強（べんきょう）します	học	学习	to study

すごい	tuyệt vời/ đáng kinh ngạc	厉害的	impressive
ご家族（家族）	gia đình	家人	family
見ます	xem	看	to watch
聞きます	nghe	听	to listen
読みます	đọc	读	to read
書きます	viết	写	to write
買います	mua	买	to buy
飲みます	uống	喝	to drink
パン	bánh mỳ	面包	bread
食べます	ăn	吃	to eat
音楽	âm nhạc	音乐	music
ひらがな	chữ Hiragana	平假名	hiragana
ジュース	nước ép hoa quả	果汁	juice
ゲーム	trò chơi điện tử (game)	游戏	game
Ｔシャツ	áo phông	T 恤	T-shirt
サッカー	bóng đá	足球	soccer
お寿司（寿司）	sushi	寿司	sushi
料理	món ăn	料理	cuisine
作ります	nấu/ làm	做 / 作	to make
レポート	bản báo cáo	报告	report
宿題	bài tập	作业	homework
図書室　図書館	phòng đọc sách　thư viên	图书室　图书馆	library (room in a building)　library (building)
部屋	phòng	房间	room
お花見（花見）	ngắm hoa	赏樱	cherry-blossom viewing
仕事	công việc	工作	job
コンビニ	cửa hàng tiện ích	便利店	convenience store
お弁当（弁当）	cơm hộp	便当	bento lunchbox
荷物	hành lý	行李	baggage
送ります	gửi	送	to send
いつも	luôn luôn/ lúc nào cũng	总是／平时	always
映画館	rạp chiếu phim	电影院	movie theater
昼ご飯	cơm trưa	午餐	lunch
トイレットペーパー	giấy vệ sinh/ giấy toa lét	卫生纸	toilet paper
ティッシュペーパー	khăn giấy	纸巾	tissue paper
ドラックストア	hiệu thuốc	药妆店	drugstore

服(ふく)	quần áo/ trang phục	衣服	clothes
ショッピングモール	trung tâm thương mại	购物中心	shopping mall
散歩(さんぽ)	việc đi dạo	散步	strolling
先輩(せんぱい)	tiền bối	前辈	senior
晩(ばん)ご飯(はん)	cơm tối	晚餐	dinner
お酒(さけ)（酒(さけ)）	rượu	酒	liquor (alcohol)
シャンプー	dầu gội đầu	洗发水	shampoo
時々(ときどき)	thỉnh thoảng	有时	sometimes

第(だい)5課(か)　日本(にほん)へ行(い)きます

どのくらい	khoảng bao lâu	大概多少	how long/ how much/ how far
行(い)きます	đi	去	to go
新幹線(しんかんせん)	Shinkansen (tàu siêu tốc)	新干线	Shinkansen (bullet train)
～時間(じかん)	~ thời gian	～小时	~ hours
～ぐらい	~ khoảng	左右	about
実(じつ)は	thực ra thì	其实	actually/ in fact
旅行(りょこう)	du lịch	旅行	travel
会(あ)います	gặp	见面	to meet
オーストラリア	Australia	澳大利亚	Australia
来(き)ます	đến	来	to come
帰(かえ)ります	về	回	to go back
誕生日(たんじょうび)	ngày sinh nhật	生日	birthday
いつ	khi nào/ bao giờ	什么时候	when
スケジュール	lịch trình/ lịch	日程	schedule
アルバイト	làm thêm	打工	part-time job
定食屋(ていしょくや)	nhà hàng cơm suất	套餐餐厅	diner
歩(ある)いて	đi bộ	步行	on foot/ by walking
電車(でんしゃ)	tàu điện	电车	train
飛行機(ひこうき)	máy bay	飞机	airplane
船(ふね)	tàu thủy	船	ship
韓国(かんこく)	Hàn Quốc	韩国	South Korea
バス	xe buýt	公共汽车	bus
動物園(どうぶつえん)	sở thú	动物园	zoo
デパート	bách hóa	百货商店	department store

美術館 びじゅつかん	bảo tàng mỹ thuật	美术馆	art museum
大使館 たいしかん	đại sứ quán	大使馆	embassy
ランチタイム	giờ ăn trưa	午餐时间	lunchtime
漢字 かんじ	chữ Hán	汉字	kanji (Chinese characters)
試験 しけん	kỳ thi	考试	exam
会議 かいぎ	hội nghị	会议	meeting/ conference
起きます お	xảy ra	起床	to wake up
話します はな	nói	说	to talk
寝ます ね	ngủ	睡觉	to sleep
SNS	mạng xã hội	社交网络	social media (social networking services)
休みます やす	nghỉ/ ngủ	休息	to take a rest
地下鉄 ちかてつ	tàu điện ngầm	地铁	subway
快速 かいそく	tàu nhanh	快车	rapid train
各駅停車（各停） かくえきていしゃ　かくてい	tàu dừng tại tất cả các ga	每站停车的普通列车	local train
東口 ひがしぐち	cửa đông	东口	east exit
かかります	mất/ tốn (thời gian)	需要（时间）	to take (time)
～分 ふん	~ phút	～分钟	~ minutes
いくら	bao nhiêu	多少钱	how much
～円 えん	~ yên	～日元	~ yen
中華街 ちゅうかがい	phố Trung hoa	唐人街	chinatown
欲しい ほ	muốn	想要	to want
カラオケ	karaoke	卡拉 OK	Karaoke
ゆっくり	từ tốn/ thong thả	慢慢地	slowly
お金 かね	tiền	钱	money
大阪城 おおさかじょう	thành Osaka	大阪城	Osaka Castle
彼女 かのじょ	cô ấy	女朋友	girlfriend
USJ	Universal Studios Japan	日本环球影城	Universal Studios Japan

第6課（だいろっか） 私の町は静かです（わたしのまちはしずかです）

町 まち	phố	街	town
北　南 きた　みなみ	bắc　nam	北　南	North　South
有名な ゆうめい	nổi tiếng	著名的	famous
…市 し	thành phố …	…市	…city
静かな しず	yên tĩnh	安静的	quiet

緑（みどり）	màu xanh	植被	green
多（おお）い	nhiều	多的	many/ a lot of/ much
少（すく）ない	ít	少的	few/ little
ホテル	khách sạn	酒店	hotel
歯医者（はいしゃ）	bác sỹ răng/ bác sỹ nha khoa	牙医	dentist
焼肉屋（やきにくや）	thịt nướng	烧烤店	Japanese BBQ restaurant
バス停（てい）	bến xe buýt	公交车站	bus stop
水族館（すいぞくかん）	thủy cung	水族馆	aquarium
タクシー乗（の）り場（ば）	bến xe taxi	出租车乘车点	taxi rank
北口（きたぐち）　南口（みなみぐち）	cửa bắc　cửa nam	北口　南口	North exit　South exit
ビル	tòa nhà	大厦	building
古（ふる）い	cũ	古老的	old
新（あたら）しい	mới	新的	new
きれいな	đẹp	干净的 / 美丽的	beautiful
大（おお）きい	to	大的	large
小（ちい）さい	nhỏ	小的	small
おいしい	ngon	好吃的	delicious
甘（あま）い	ngọt	甜的	sweet
辛（から）い	cay	辣的	spicy
高（たか）い	cao	高的	high/ tall
低（ひく）い	thấp	矮的	low
山（やま）	núi	山	mountain
桜（さくら）	hoa anh đào	樱花	cherry blossoms
花（はな）	hoa	花	flower
どら焼（や）き	bánh dorayaki (bánh gato mật ong nhân đậu đỏ)	铜锣烧	Dorayaki (Japanese sweet-filled pancakes)
どんな	cái nào	怎样的	what kind of
優（やさ）しい	hiền	温柔体贴的	gentle
将棋（しょうぎ）	cờ tướng	日本象棋	shogi
方（かた）	vị	人（尊称）	person (polite form)
いい	tốt	好的	good
おもしろい	thú vị	有趣的	interesting
親切（しんせつ）な	thân thiện	亲切的	kind
難（むずか）しい	khó	难的	difficult
元気（げんき）な	khỏe	精神的	healthy/ energetic
高（たか）い	cao/ đắt	贵的	expensive

安い（やす）	rẻ	便宜的	cheap
狭い（せま）	hẹp	狭窄的	narrow/ small (space)
広い（ひろ）	rộng	宽敞的	wide/ spacious
汚い（きたな）	bẩn	脏的	dirty
易しい（やさ）	dễ	简单的	easy
簡単な（かんたん）	đơn giản	简单的	simple/ easy
食べ物（た もの）	đồ ăn	食物	food
大変な（たいへん）	vất vả	辛苦的	tough
忙しい（いそが）	bận rộn	忙的	busy
お寺（てら）	chùa	寺庙	temple
給料（きゅうりょう）	lương	薪水	salary
休み（やす）	nghỉ	休假	day off
寮（りょう）	ký túc xá	宿舍	dormitory
築～（ちく）	kể từ khi xây dựng	建筑年龄～年	~ years old (building)
海（うみ）	biển	海	ocean
アパート	căn hộ	公寓	apartment
台風（たいふう）	bão	台风	typhoon
毎日（まいにち）	hàng ngày	每天	every day
生活（せいかつ）	cuộc sống	生活	life
絵（え）	bức tranh	画	picture
楽しい（たの）	vui vẻ	愉快的	fun
近く（ちか）	gần	近的	nearby
テスト	kiểm tra	考试	test
教室（きょうしつ）	phòng học	教室	classroom
厳しい（きび）	nghiêm khắc	严格的	strict

第（だい）7課（か） お好（この）み焼（や）きを食（た）べました

こっち	đằng này	这里	here/ this way
ようこそ	chào mừng	欢迎	welcome
夏（なつ）	mùa hè	夏天	summer
暑い（あつ）	nóng	（天气）热的	hot
たくさん	nhiều	很多	many/ a lot of
写真（しゃしん）	ảnh	照片	photo
撮ります（と）	chụp	拍（照）	to take (photos)

お好(この)み焼(や)き	bánh xèo Okonomiyaki	御好烧	Okonomiyaki (Japanese savory pancakes)
もんじゃ焼(や)き	bánh xèo Monjyayaki	文字烧	Monjayaki (Japanese pan-fried batter, different from Okonomiyaki)
似(に)ています	giống	相似	be similar
初(はじ)めて	lần đầu tiên	首次	for the first time
楽(たの)しみ	hào hứng/ vui vẻ	期待	looking forward
昨日(きのう)	hôm qua	昨天	yesterday
おととい	hôm kia	前天	day before yesterday
けさ	sáng nay	今早	this morning
先週(せんしゅう)	tuần trước	上周	last week
先月(せんげつ)	tháng trước	上个月	last month
庭(にわ)	vườn	院子	garden
バーベキュー	thịt nướng	室外烧烤	barbecue
ケーキ	bánh	蛋糕	cake
おにぎり	cơm nắm	饭团	Onigiri (rice ball)
買(か)い物(もの)します	mua sắm	买东西	to go shopping
パーティー	bữa tiệc	派对	party
晩(ばん)	buổi tối	晚上	night
ドラマ	phim truyền hình	电视剧	drama
さっき	lúc nãy	刚刚	earlier
紅茶(こうちゃ)	hồng trà	红茶	black tea
試合(しあい)	trận đấu	比赛	match
雨(あめ)	mưa	雨	rain
暖(あたた)かい	ấm	温暖的	warm
寒(さむ)い	lạnh	寒冷的	cold
にぎやかな	náo nhiệt	热闹的	bustling
近(ちか)い	gần	近的	near
遠(とお)い	xa	远的	far
天気(てんき)	thời tiết	天气	weather
速(はや)い	nhanh	快的	fast
レストラン	nhà hàng	餐厅	restaurant
店(みせ)	cửa hàng	店铺	shop
サービス	dịch vụ	服务	service
店員(てんいん)	nhân viên	店员	store staff
ステーキ	bò bít tết	牛排	steak
客(きゃく)	khách	客人	customer

引(ひ)っ越(こ)し	chuyển nhà	搬家	moving
辞書(じしょ)	từ điển	词典	dictionary
野球(やきゅう)	bóng chày	棒球	baseball
花火(はなび)	pháo hoa	烟花	fireworks
飲(の)み会(かい)	tiệc nhậu	酒会	drinking party
インド	Ấn Độ	印度	India
カレー	cà ri	咖喱	curry
背(せ)	lưng/ chiều cao	身高	height/ back (body part)
妹(いもうと)	em gái	妹妹	(younger) sister
持(も)っていきます	mang đi	拿走	to bring
乗(の)ります	lên (xe/ tàu...)	乘 / 骑	to get on/ ride
疲(つか)れます	mệt	累	to get tired
喫茶店(きっさてん)	quán giải khát	咖啡馆	cafe
少(すこ)し	ít	一点	a little
間(ま)に合(あ)います	kịp	来得及	to be on time/ make it
来週(らいしゅう)	tuần sau	下周	next week
降(ふ)ります	rơi (mưa/ tuyết...)	下雨	to rain/ to fall
プレゼント	món quà	礼物	gift/ present
終(お)わります	kết thúc/ xong	结束	to finish
今晩(こんばん)	tối nay	今晚	tonight
すき焼(や)き	lẩu Sukiyaki	寿喜烧	Sukiyaki (Japanese beef hotpot)
びっくりします	giật mình/ ngạc nhiên	吓一跳	to be surprised

第(だい)8課(か)　お寿司(すし)が好(す)きです

おなか	bụng	肚子	stomach
すきます	đói	饿	to get hungry/ (stomach becomes) empty
天(てん)ぷら	tempura (món tẩm bột rán)	天妇罗	tempura
どちら	ở đâu/ đằng nào	哪一个	which
好(す)きな	yêu thích/ thích	喜欢的	to like
嫌(きら)いな	ghét	讨厌的	to dislike
生(なま)	tươi/ sống	生的	raw
苦手(にがて)な	kém/ không thích	不喜欢	not one's favorite
回転寿司(かいてんずし)	sushi băng chuyền	旋转寿司	conveyor belt sushi
…から	bởi vì …	因为	because…

よく	hay/ thường	经常	often
鍋（なべ）	nồi	汤锅料理	hot pot
一緒（いっしょ）に	cùng với	一起	together
バスケットボール	bóng rổ	篮球	basketball
食事（しょくじ）	bữa ăn/ việc ăn uống	用餐	meal
ごめんなさい	xin lỗi	对不起	sorry
カレー屋（や）	quán cà ri	咖喱店	curry restaurant
チケット	vé	门票	ticket
コメディー	hài kịch	喜剧	comedy
すてきな	tuyệt vời	很棒的	nice
そんな	cái đó	那样的	such
セール	bán	打折季	sale
ねこ	mèo	猫	cat
スポーツ	thể thao	运动	sports
テニス	tennis (quần vợt)	网球	tennis
バドミントン	cầu lông	羽毛球	badminton
アクション	hành động	动作	action
ドキュメンタリー	phim tài liệu	纪录	documentary
ＳＦ	phim khoa học viễn tưởng	科幻	Sci-Fi
クラシック	nhạc cổ điển	古典	Classic
ジャズ	nhạc Jazz	爵士	Jazz
ロック	nhạc Rock	摇滚	Rock
日本酒（にほんしゅ）	rượu Nhật Bản	日本清酒	sake
ウイスキー	rượu Whisky	威士忌酒	whisky
カクテル	cocktail	鸡尾酒	cocktail
どちらも	cái nào cũng	两个都	both
カタカナ	chữ Katakana	片假名	katakana
掃除（そうじ）	dọn dẹp	打扫	clean up
洗濯（せんたく）	giặt	洗涤	laundry
大切（たいせつ）な	quan trọng	重要的	important/ valuable
旅館（りょかん）	nhà trọ kiểu truyền thống của Nhật Bản	旅馆	ryokan (traditional Japanese inn)
寝坊（ねぼう）	ngủ quên/ ngủ quá giờ	睡过头	oversleep
遅刻（ちこく）します	trễ giờ/ đi muộn	迟到	to be late
もう	đã	已经	already
わかります	hiểu	知道／懂得	to understand

ラーメン	mì Ramen	拉面	ramen
日本食（にほんしょく）	bữa ăn kiểu Nhật	日本料理	Japanese food
納豆（なっとう）	đậu tương lên men	纳豆	natto
レベル	cấp/ bậc	等级	level
来月（らいげつ）	tháng sau	下个月	next month
歓迎（かんげい）	hoan nghênh/ chào mừng	欢迎	welcome
種類（しゅるい）	chủng loại	种类	type/ variety
居酒屋（いざかや）	quán nhậu	居酒屋	Izakaya (Japanese gatropub)
便利（べんり）な	tiện lợi	方便的	convenient
イタリアン	món ăn Italia	意大利菜	Italian
外国語（がいこくご）	ngoại ngữ/ tiếng nước ngoài	外语	foreign language
メニュー	thực đơn	菜单	menu

第（だい）9課（か）　花火大会（はなびたいかい）がありました

夏休（なつやす）み	nghỉ hè	暑假	summer vacation
どこか	đâu đó	某处	somewhere
花火大会（はなびたいかい）	lễ hội pháo hoa	烟花大会	fireworks display
今年（ことし）	năm nay	今年	this year
次（つぎ）	tiếp theo	下一个	next
お土産（みやげ）	quà lưu niệm	伴手礼	souvenir
毎年（まいとし）	hàng năm	每年	every year
いなか（田舎（いなか））	quê	老家	countryside/ hometown
涼（すず）しい	mát	凉爽的	cool (temperature)
バーゲン	giảm giá	打折季	bargain
オリンピック	Olympic/ thế vận hội	奥运会	Olympic
ワールドカップ	World cup/ cúp thế giới	世界杯	World Cup
市民（しみん）ホール	nhà văn hóa	市民会馆	citizen's hall
コンサート	hòa nhạc	音乐会 / 演唱会	concert
大丈夫（だいじょうぶ）な	không sao	没问题的	all right/ fine/ okay
今度（こんど）	lần tới	下次	next time
お祭（まつ）り	lễ hội	祭典	festival
神社（じんじゃ）	đền	神社	shrine
趣味（しゅみ）	sở thích	爱好	hobby
料理教室（りょうりきょうしつ）	lớp học nấu ăn	烹饪教室	cooking class

交流会（こうりゅうかい）	buổi giao lưu	交流会	networking event
いろいろな	nhiều	各种各样的	various
国（くに）	đất nước/ nước	国家	country
下（お）ろします	dỡ xuống/ đưa xuống	取（钱）	to withdraw
キャンプ	trại	野营	camping
習（なら）います	học	学	to learn
冬休（ふゆやす）み	nghỉ đông	寒假	winter vacation
くま	gấu	熊	bear
スキー	tuyết	滑雪	skiing
かに	cua	螃蟹	crab
温泉（おんせん）	suối nước nóng	温泉	hot spring
入（はい）ります	vào	进入	to enter
いるか	cá heo	海豚	dolphin
ダイビング	lặn	潜水	diving
泳（およ）ぎます	bơi	游泳	to swim
毎朝（まいあさ）	hàng sáng	每天早上	every morning
毎晩（まいばん）	hàng tối	每天晚上	every night
朝（あさ）ご飯（はん）	cơm sáng/ bữa sáng	早餐	breakfast
全然（ぜんぜん）	hoàn toàn	完全	at all
ご飯（はん）	cơm	饭	rice
残念（ざんねん）な	đáng tiếc	遗憾的	unfortunate
いか	mực	鱿鱼	squid
温泉卵（おんせんたまご）	trứng lòng đào ăn nguội	温泉蛋	Japanese slow-cooked egg
黒（くろ）い	đen	黑色的	black
連休（れんきゅう）	kỳ nghỉ dài ngày	长假	consecutive days off
忍者（にんじゃ）	ninja	忍者	ninja
かき	hàu	牡蛎	oyster
うれしい	vui	高兴的	delighted/ happy
いっぱいな	đầy/ no	饱	full
どうして	tại sao	为什么	why

第（だい）10課（か）　ちょっと待（ま）ってください

ちょっと	một chút	稍微	a little
待（ま）ちます	đợi	等待	to wait

この前（まえ）	trước đây	前不久	the other day
上手（じょうず）な	giỏi	擅长的	be good at/ skilled
なります	trở nên	变成	to become
働（はたら）きます	làm việc	工作	to work
もっと	thêm/ hơn	更加	more
アジア	Châu Á	亚洲	Asia
がんばります	cố gắng	努力	to make an effort/ work hard
死（し）にます	chết	死	to die
着（き）ます	mặc	穿（衣服）	to wear
降（お）ります	xuống	下车	to get off
急（いそ）ぎます	vội/ khẩn trương	加快	to hurry
遊（あそ）びます	chơi	玩	to play
取（と）ります	lấy	拿	to take
言（い）います	nói	说	to say
履（は）きます	xỏ/ đi	穿（鞋 / 裤子）	to wear/ put on (shoes or socks)
道（みち）	đường xá	路	road
もう一度（いちど）	thêm một lần nữa	再一次	once again
見（み）せます	cho xem	给……看……	to show
教（おし）えます	dạy	教	to teach
座（すわ）ります	ngồi	坐	to sit
医院（いいん）	bệnh viện (thường là quy mô nhỏ, của tư nhân)	医院	clinic
～番（ばん）	số ~	第～号	No. ~
～つ目（め）	thứ ~	第～个	~st / ~nd / ~th
手伝（てつだ）います	giúp đỡ	帮忙	to help out
持（も）ちます	mang/ vác	拿	to hold
ゴミ	rác	垃圾	garbage
ゴミ捨（す）て場（ば）	bãi rác	垃圾集中点	dump site
マンション	nhà chung cư	高级公寓	condominium
本当（ほんとう）に	thật sự là	真的	really
コップ	cốc	杯子（没有把手的）	cup
並（なら）べます	sắp xếp	摆	to arrange (in rows)
冷蔵庫（れいぞうこ）	tủ lạnh	冰箱	refrigerator
出（だ）します	lấy ra	取出	to take out
置（お）きます	để/ đặt	放置	to put down
開（あ）けます	mở	打开	to open

パスポート	hộ chiếu	护照	passport
袋(ふくろ)	túi	袋子	bag
ズボン	quần	裤子	pants
運(はこ)びます	vận chuyển	搬	to carry
切(き)ります	cắt	剪／切	to cut
子供(こども)	trẻ con/ trẻ em	孩子	children
短(みじか)い	ngắn	短的	short
今月(こんげつ)	tháng này	这个月	this month
～歳(さい)	~ tuổi	～岁	~ years old
白(しろ)い	màu trắng	白色的	white
久(ひさ)しぶり	lâu lắm rồi	好久不见	long time no see
うるさい	ồn ào	吵的	noisy
部長(ぶちょう)	trưởng phòng	部门负责人	department manager
どうやって	làm thế nào	如何	how
アプリ	ứng dụng	应用程序	App
はし	đũa	筷子	chopsticks
スプーン	thìa	勺子／汤匙	spoon
手(て)	tay	手	hand
会話(かいわ)	hội thoại	对话	conversation
スープ	súp/ canh	汤	soup
パスタ	mì Ý	意大利面	pasta
…とか	hoặc là …	…之类的	such as … and
フォーク	dĩa	叉子	fork
地図(ちず)	bản đồ	地图	map
お宅(たく)	nhà anh/ chị	家（尊称）	XX's house
宅急便(たっきゅうびん)	viết lại/ ghi lại	快递	courier service
印鑑(いんかん)	con dấu	印章	seal
サイン	chữ ký	签字	signature
ペン	bút	笔	pen
失礼(しつれい)します	xin phép	不好意思	excuse me
みなさん	mọi người	各位	everyone

第(だい)11課(か)　アニメで勉強(べんきょう)します

あと	ngoài ra/ hơn nữa	还有	also

復習(ふくしゅう)します	ôn tập	复习	to review/ revise
ご両親(りょうしん)（両親(りょうしん)）	bố mẹ	父母双亲	parents
住(す)みます	sống	住	to live
小学生(しょうがくせい)	học sinh tiểu học	小学生	elementary schoolchildren
メール	thư điện tử	电子邮件	Email
切符(きっぷ)	tem	车票	ticket
使(つか)います	sử dụng/ dùng	用	to use
おいしそうな	có vẻ ngon	看起来很好吃	look delicious
しゃぶしゃぶ	lẩu	涮涮锅	Shabu-shabu (hot pot of thinly sliced meat and vegetables)
朝(あさ)	sáng	早晨	morning
シャワー	vòi hoa sen	淋浴	shower
浴(あ)びます	tắm	冲（淋浴）	to take (a shower)
歯(は)	răng	牙齿	teeth
磨(みが)きます	chải/ đánh	刷（牙）	to brush/ polish
テレビ	ti vi	电视	TV
お湯(ゆ)（湯(ゆ)）	nước nóng	热水	hot water
すぐ	ngay	马上	soon
あげます	tặng	送（礼物）	to give
空港(くうこう)	sân bay	机场	airport
乗(の)り換(か)えます	đổi tàu/ đổi xe	换乘	to change/ transfer
貸(か)します	cho mượn/ cho vay	借给	to lend
電話(でんわ)	điện thoại	电话	phone
（電話(でんわ)を）かけます	gọi điên thoại	打（电话）	to make a phone call/ call (on the phone)
お父(とう)さん／父(ちち)	bố	父亲 / 爸爸	dad / father
お母(かあ)さん／母(はは)	mẹ	母亲 / 妈妈	mom / mother
お子(こ)さん／子供(こども)	con	孩子	child
お兄(にい)さん／兄(あに)	anh trai	哥哥	(older) brother
お姉(ねえ)さん／姉(あね)	chị gái	姐姐	(older) sister
弟(おとうと)さん／弟(おとうと)	em trai	弟弟	(younger) brother
メッセージ	tin nhắn/ thông điệp	信息	message
母(はは)の日(ひ)	ngày của mẹ	母亲节	Mother's Day
カード	bưu thiệp	贺卡	card
おもちゃ	đồ chơi	玩具	toy
指輪(ゆびわ)	nhẫn	戒指	ring
お正月(しょうがつ)	Tết	元旦新年	New Year

おせち料理（りょうり）	món ăn truyền thống trong dịp Tết	年菜	Osechi (traditional New Year food)
初（はつ）もうで	đi lễ (đền/ chùa) đầu năm	新年第一次参拜神社寺庙	New Year's visit to a shrine/temple
卒業式（そつぎょうしき）	lễ tốt nghiệp	毕业典礼	graduation ceremony
歌（うた）	bài hát	歌曲	song
歌（うた）います	hát	唱	to sing
ゴールデンウイーク	tuần lễ vàng	黄金周	Golden Week
おみこし	kiệu (tôn giáo)	神轿	portable shrine
かつぎます	vác/ rước	抬	to carry on one's shoulder
盆踊（ぼんおど）り	múa Bon	盂兰盆节舞蹈	Bon dance
踊（おど）ります	nhảy/ múa	跳舞	to dance
夜景（やけい）	cảnh ban đêm	夜景	nightscape
渋滞（じゅうたい）	ách tắc/ tắc đường	堵车	traffic jam
…の前（まえ）	trước…	……之前	before...
咲（さ）きます	nở	开（花）	to bloom
アイドル	thần tượng	偶像	pop idol
大好（だいす）きな	rất thích	非常喜欢的	favorite
グループ	nhóm	组合	group
ダンス	nhảy	舞蹈	dance
コンピューター	máy tính	电脑	computer
中学校（ちゅうがっこう）	trường cấp II	初中	junior high school
結婚（けっこん）します	kết hôn	结婚	to get married
双子（ふたご）	sinh đôi	双胞胎	twins
かわいい	dễ thương	可爱的	cute
マレーシア	Malaysia	马来西亚	Malaysia
シンガポール	Singapore	新加坡	Singapore
午前中（ごぜんちゅう）	trong buổi sáng	上午	in the morning

第（だい）12課（か）　日本語（にほんご）を話（はな）すことができます

片（かた）づけ	dọn dẹp	收拾	tidying up
…までに	trước/ trước khi…	到……为止	until…
できます	có thể/ biết　được hoàn thiện	能　完成	can/ be able to　to be completed
留学生（りゅうがくせい）	du học sinh	留学生	international student
来年（らいねん）	sang năm	明年	next year
～か月（げつ）	~ tháng	～个月	~ month

～年(ねん)	~ năm	～年	~ year
～週間(しゅうかん)	~ tuần lễ	～周	~ week
卒業(そつぎょう)します	tốt nghiệp	毕业	to graduate
～貫(かん)	~ cái/ chiếc (cách đếm sushi)	～个（寿司）	~ pieces
弾(ひ)きます	đánh/ chơi	弹（乐器）	to play
予約(よやく)します	đặt trước	预约	to reserve
払(はら)います	thanh toán/ trả	支付	to pay
キロ	kilômét	公里	kilometer
髪(かみ)	tóc	头发	hair
長(なが)い	dài	长的	long
タイ語(ご)	tiếng Thái	泰语	Thai
ピアノ	piano	钢琴	piano
ギター	ghita	吉他	guitar
書道(しょどう)	thư pháp	书法	calligraphy
字(じ)	chữ	字	character
なんでも	cái gì cũng	任何	anything
走(はし)ります	chạy	跑	to run
～冊(さつ)	~ cuốn/ quyển	～本	~ books (counting)
借(か)ります	mượn	向人借	to borrow
上旬(じょうじゅん)	thượng tuần (đầu tháng)	上旬	early
中旬(ちゅうじゅん)	trung tuần (giữa tháng)	中旬	mid
下旬(げじゅん)	hạ tuần (cuối tháng)	下旬	late
駐車場(ちゅうしゃじょう)	bãi đỗ xe	停车场	parking lot
報告書(ほうこくしょ)	báo cáo	报告书	report
運転(うんてん)	lái xe	驾驶	drive
トランプ	bài/ tú lơ khơ	扑克牌	play cards
麻雀(まーじゃん)	mạt chược	麻将	mahjong
得意(とくい)な	giỏi	擅长的	good at
（鍵(かぎ)を）かけます	khóa cửa	上锁	to lock
洗(あら)います	rửa	洗	to wash
化粧(けしょう)	trang điểm/ hóa trang	化妆	makeup
頭(あたま)	thông minh	头	head
デート	sự hẹn hò	约会	date
ところ	nơi/ chốn	地方	place
歴史(れきし)	lịch sử	历史	history

第13課（だい か） 高校を卒業してから、日本へ来ました（こうこう そつぎょう にほん き）

一人暮らし（ひとりぐ）	sống một mình	独居	living alone
最初（さいしょ）	ban đầu	最开始	first
慣れます（な）	quen	习惯	to get used to
ラインします	dùng Line	发 Line 消息	to send a LINE message
ネクタイ	cà vạt	领带	tie
選びます（えら）	lựa chọn/ chọn	选择	to choose
えさ	mồi/ thức ăn	饵料	feed
銭湯（せんとう）	nhà tắm công cộng kiểu Nhật	公共浴室	public bath
出ます（で）	ra	出来	to come out
大人（おとな）	người lớn	成人	adult
ボタン	nút bấm	按钮	button
押します（お）	ấn/ đẩy	按	to press
入れます（い）	cho vào	放入	to put in
タオル	khăn tắm	毛巾	towel
脱ぎます（ぬ）	cởi	脱掉	to take off
だめな	không được	不行的	not good
お風呂（ふろ）（風呂（ふろ））	bồn tắm	洗澡	bath
湯船（ゆぶね）	bồn nước ấm	浴缸	bathtub
体（からだ）	cơ thể	身体	body
もらいます	nhận	收下	to receive
バス代（だい）	tiền xe buýt	公交车费	bus fare
忘れます（わす）	quên	忘记	to forget
スニーカー	giày thể thao/ giày vận động	运动鞋	sneakers
サンタクロース	ông già Noel	圣诞老人	Santa Claus
ワンピース	váy liền	连衣裙	dress
着物（きもの）	kimono (trang phục truyền thống của Nhật Bản)	和服	kimono
動物（どうぶつ）	động vật	动物	animal
昔（むかし）	ngày xưa	过去	long time ago
作文（さくぶん）	tập làm văn	作文	essay
国内旅行（こくないりょこう）　海外旅行（かいがいりょこう）	du lịch trong nước　du lịch nước ngoài	国内旅行　海外旅行	domestic travel　overseas travel
寂しい（さび）	buồn	冷清的	lonely
浴衣（ゆかた）	yukata (trang phục truyền thống dành cho mùa hè)	浴衣	yukata (traditional Japanese summer clothing)
申し込みます（もう こ）	đăng ký	申请	to apply
考えます（かんが）	suy nghĩ	考虑	to think

プロポーズ	lời cầu hôn/ lời đề nghị	求婚	propose
返事（へんじ）	trả lời	回信	reply
心配（しんぱい）な	lo lắng	担心的	worried
準備（じゅんび）します	chuẩn bị	准备	to prepare
集（あつ）めます	tập hợp	收集	to gather/ collect
決（き）めます	quyết định	决定	to decide
注文（ちゅうもん）します	đặt hàng	下单	to order
連絡（れんらく）します	liên hệ/ liên lạc	联络	to contact
初（はじ）め	lúc đầu/ ban đầu/ đầu tiên	开始	beginning

第（だい）14課（か）　早（はや）く帰（かえ）ったほうがいいですよ

顔（かお）	mặt	脸	face
赤（あか）い	đỏ	红色的	red
のど	họng	喉咙	throat
痛（いた）い	đau	痛的	painful
風邪（かぜ）	cảm	感冒	cold (common infection)
無理（むり）をします	cố quá sức	勉强	to push oneself
知（し）ります	biết	知道	to know/learn about
内科（ないか）	khoa nội	内科	internal medicine
混（こ）みます	đông	拥挤	to be crowded
お先（さき）に失礼（しつれい）します	tôi xin phép trước nhé!	先走一步	If you'll excuse me first/I'm leaving
お大事（だいじ）に	bạn hãy giữ gìn sức khỏe nhé!	保重身体	bless you
止（と）めます	ngăn lại/ cho dừng	停车	to stop/ park
駐輪場（ちゅうりんじょう）	bãi đỗ xe	自行车停车场	bicycle parking lot
店内（てんない）	trong quán	店内	inside the store
危（あぶ）ない	nguy hiểm	危险的	dangerous
廊下（ろうか）	hành lang	走廊	corridor
携帯電話（けいたいでんわ）	điện thoại di động	手机	mobile phone
マナーモード	chế độ im lặng	静音模式	silent mode
窓（まど）	cửa sổ	窗户	window
大変（たいへん）	rất	非常	very
危険（きけん）な	nguy hiểm	危险的	dangerous
集（あつ）まります	tập trung lại	聚集	to get together
集合時間（しゅうごうじかん）	thời gian tập trung	集合时间	meeting time

迷惑な（めいわく）	phiền hà/ rắc rối	造成麻烦的	annoying
声（こえ）	giọng	人声	voice
領収書（りょうしゅうしょ）	hóa đơn/ phiếu thu	发票	receipt
なくします	làm mất	弄丢	to lose
再発行（さいはっこう）	tái phát hành/ phát hành lại	补发	reissue
たばこ	thuốc lá	烟	cigarette
吸います（す）	hút	抽（烟）	to smoke/ inhale
最近（さいきん）	gần đây	最近	recently
目（め）	con mắt	眼睛	eye
悪い（わる）	xấu	坏的	bad
できるだけ	trong khả năng có thể	尽可能	as … as possible
送別会（そうべつかい）	tiệc chia tay	欢送会	farewell party
熱（ねつ）	nhiệt/ sốt	发烧	heat
薬（くすり）	thuốc	药	medicine
早く（はや）	nhanh	快点	quickly
奥さん（おく）　妻（つま）	vợ	妻子	wife
謝ります（あやま）	xin lỗi	道歉	to apologize
買っていきます（か）	mua đi	去买	to buy
家事（かじ）	việc nhà	家务	housework
花束（はなたば）	bó hoa	花束	bouquet
遅れます（おく）	muộn/ trễ	延迟	to be late
もちろん	tất nhiên	当然	of course
クッキー	bánh quy	饼干	cookies
電話番号（でんわばんごう）	số điện thoại	电话号码	phone number
メールアドレス	địa chỉ email	电子邮件地址	Email address
学習サイト（がくしゅう）	trang web dùng để học tập	学习网站	learning website
みそ汁（しる）	súp tương/ canh tương	味噌汤	miso soup
さんま	cá thu đao	秋刀鱼	pacific saury (fish)
肉じゃが（にく）	Nikujaga (khoai tây hầm thịt)	土豆炖肉	Nikujaga (Japanese stew of meat, potatoes and other vegetables)
甘酒（あまざけ）	Amazake (rượu ngọt truyền thống của Nhật Bản)	甜酒	Amazake (sweet, low-alcohol Japanese drink made from fermented rice)
びわ	nhót tây	枇杷	loquat
約束（やくそく）	lời hứa	约定	promise
おすすめ	lời khuyên	推荐	recommendation
悩み（なや）	sự phiền muộn	烦恼	concerns
相談室（そうだんしつ）	phòng tư vấn	咨询室	counseling room

男性（だんせい）	nam giới	男性	man
課長（かちょう）	trưởng phòng	科长	section manager
同僚（どうりょう）	đồng nghiệp	同事	colleague
結婚記念日（けっこんきねんび）	ngày kỷ niệm kết hôn	结婚纪念日	wedding anniversary
怒ります（おこ）	tức giận/ nổi giận	生气	to get angry
メモします	ghi chép lại	做笔记	to make a note
以前は（いぜん）	trước đây	过去	previously/ before
機能（きのう）	chức năng	功能	function
予定（よてい）	dự định	计划要做的事	plans
記録します（きろく）	ghi lại	记录	to record
届きます（とど）	đến, tới/ nhận được (thư, email, bưu phẩm...)	寄到	to reach

第15課（だいじゅうごか） 病気だそうです（びょうき）

おかげさまで	nhờ có sự giúp đỡ	托您的福	thanks to you
病気（びょうき）	bệnh	生病	sick
とき	lúc	时候	when
自由な（じゆう）	tự do	自由的	free
過ごします（す）	trải qua	度过	to spend (time)
助けます（たす）	giúp đỡ/ hỗ trợ	帮助	to help
思います（おも）	nghĩ	认为	to think
暇な（ひま）	nhà rỗi/ rảnh rỗi	空闲的	have spare time/ not busy/ free
授業（じゅぎょう）	tiết học/ giờ	上课	class
スカート	chân váy	裙子	skirt
かぶります	đội	戴（帽子、面具）	to wear (on one's head)
スーツ	đồ vét	西装	suit
お母様（かあさま）	mẹ (của đối phương)	母亲	mother (formal and polite term used to refer to someone else's mother)
スカーフ	khăn quàng	围巾	scarf
サングラス	kính râm	太阳镜	sunglasses
（サングラスを）かけます	đeo kính râm	戴（太阳镜）	to wear (sunglasses)
人気があります（にんき）	được ưa chuộng	受欢迎的	to be popular
俳優（はいゆう）	nam diễn viên	演员	actor
一日（いちにち）	một ngày	一天	one day
並びます（なら）	được sắp xếp	排队	to line up

パティシエ	người làm bánh/ bếp trưởng bếp bánh	糕点师	pastry chef
いちご	dâu	草莓	strawberry
強(つよ)い	mạnh/ khỏe	强的	strong
晴(は)れ	trời xanh/ trời quang mây	晴天	sunny
風(かぜ)	gió	风	wind
くもり	mây mù	多云	cloudy
インフルエンザ	cúm	流感	flu
はやります	thịnh hành/ lây lan	流行	to spread
必要(ひつよう)な	cần thiết	需要的	necessary
注射(ちゅうしゃ)	tiêm	打针	injection
物価(ぶっか)	vật giá	物价	prices
ショップ	cửa hàng	店铺	shop
(人(ひと)が) 冷(つめ)たい	lạnh lùng (con người)	冷淡的	cold
気持(きも)ち	tâm trạng	心情	feeling
満員電車(まんいんでんしゃ)	tàu điện đông kín người	满载电车	crowded train
地球(ちきゅう)	trái đất	地球	Earth
気温(きおん)	nhiệt độ	气温	temperature
人口(じんこう)	dân số	人口	population
それに	thêm vào đó/ hơn nữa	此外	besides
子供(こども)っぽい	giống như trẻ con/ mang tính trẻ con	幼稚	childish
ケータイ	di động	手机	mobile phone
親(おや)	bố mẹ	家长（父亲或母亲）	parent
都会(とかい)	thành phố	都市	urban
確(たし)かに	đúng là/ chắc chắn là	确实	certainly/ admittedly
…について	về …	关于……	about...
世界(せかい)	thế giới	世界	world

解答(かいとう)

第(だい)1課(か)　はじめまして！

1-3　①おおやま　②こんどう　③やまだ　④しみず
⑤わたなべ　⑥つちや　⑦ひがし　⑧なかむら

1-5　①たかはし／学生(がくせい)／学生(がくせい)　②さとう／先生(せんせい)／先生(せんせい)　③わたなべ／看護師(かんごし)／看護師(かんごし)
④いとう／介護士(かいごし)／介護士(かいごし)　⑤さいとう／医師(いし)／医師(いし)　⑥ささき／主婦(しゅふ)／主婦(しゅふ)
⑦やまもと／保育士(ほいくし)／保育士(ほいくし)　⑧えんどう／銀行員(ぎんこういん)／銀行員(ぎんこういん)

1-7　①いとう／介護士(かいごし)　②わたなべ／看護師(かんごし)　③さいとう／医師(いし)
④えんどう／銀行員(ぎんこういん)　⑤たかはし／学生(がくせい)　⑥やまもと／保育士(ほいくし)

1-9　①大阪(おおさか)　②大阪(おおさか)　③福島(ふくしま)　④福岡(ふくおか)

1-11　①仙台(せんだい)　②日光(にっこう)　③成田(なりた)　④長野(ながの)　⑤奈良(なら)　⑥松山(まつやま)　⑦金沢(かなざわ)　⑧広島(ひろしま)　⑨福岡(ふくおか)　⑩佐賀(さが)

1-12　①川北(かわきた)ケアセンター／介護士(かいごし)　②やまと銀行(ぎんこう)／銀行員(ぎんこういん)　③あおば大学(だいがく)／学生(がくせい)
④山下病院(やましたびょういん)／看護師(かんごし)　⑤あさひ第二高校(だいにこうこう)／教師(きょうし)　⑥なかよし保育園(ほいくえん)／保育士(ほいくし)

1-13　①あさひ第二高校(だいにこうこう)／先生(せんせい)　②山下病院(やましたびょういん)／看護師(かんごし)（医師(いし)）　③なかよし保育園(ほいくえん)／保育士(ほいくし)
④川北(かわきた)ケアセンター／介護士(かいごし)

1-16　①シドニー／午後(ごご) 10 時(じ)　②ヤンゴン／午後(ごご) 5 時半(じはん)（5 時(じ) 30 分(ぷん)）
③ローマ／ 12 時(じ)　④ニューヨーク／午前(ごぜん) 6 時(じ)　⑤ハノイ／午後(ごご) 6 時(じ)
⑥シャンハイ／午後(ごご) 7 時(じ)　⑦ロサンゼルス／午前(ごぜん) 3 時(じ)
⑧リオデジャネイロ／午前(ごぜん) 9 時(じ)

1-17　おおた／おおた／坂下(さかした)クリニック／看護師(かんごし)
おおた／坂下(さかした)クリニック／看護師(かんごし)／横浜(よこはま)

第(だい)2課(か)　それはなんですか

2-1　① H　② B　③ C　④ D　⑤ A　⑥ E　⑦ F　⑧ G

2-2　①あれ／鞄(かばん)　②あれ／ノート　③これ／財布(さいふ)　④これ／教科書(きょうかしょ)
⑤それ／傘(かさ)　⑥それ／鍵(かぎ)　⑦これ／ボールペン　⑧それ／スマートフォン

2-3　①それ／これ　②あれ／あれ　③これ／それ　④それ／これ　⑤それ／これ

2-5　①あの／あの　②その／これ／それ　③その／これ／それ／その／これ

2-8　①なん／自転車(じてんしゃ)　②どこ／フランス　③なん／映画(えいが)　④どこ／インドネシア　⑤なん／うち

2-9　①あおやまさん　②やまもとさん　③しみずさん　④よしきくん
⑤こんどうさん　⑥まりちゃん　⑦かとうさん　⑧たかはしさん

2-10　①だれ／教科書(きょうかしょ)／マリーさん／教科書(きょうかしょ)　②だれ／ノート／グエンさん／ノート

③だれ／ボールペン／エドさん／ボールペン　④だれ／消しゴム／ポンさん

⑤だれ／スマートフォン／サイさん　⑥だれ／傘／キムさん

2-11　①どこの　②日本の　③その　④私の

第3課　コピー機はどこですか

3-1　①ここ　②そこ　③あそこ　④ここ　⑤そこ　⑥あそこ

3-3　①銀行　②公園　③病院　④カフェ　⑤駅　⑥学校

⑦山田さんの　会社　⑧グエンさんの　うち

3-4　①トマト　②オレンジ　③しょうゆ　④ポテトチップス　⑤お茶　⑥鶏肉　⑦ビール

3-5　①鞄／あります　②パソコン／あります　③鍵／あります

④女の　子／います　⑤男の　人／います　⑥スーパー／あります　⑦いぬ／います

⑧自動販売機／あります　⑨車／あります

3-6　①の／後ろ／に／が　②の／下／に／が　③の／上／に／が

④の／横／に／が　⑤の／中／に／が　⑥の／外／に／が

⑦と／の／間／に／が

3-7　①本棚／の／横／に／います　②机／の／下／に／あります

③本棚／の／横／に／あります（さかもとさん／の／前に／あります）

④コピー機／の／前／に／います

⑤机／の／中／に／あります

3-9　①四人　②3台　③1本　④二人　⑤五つ

3-10　お皿　5枚　ワイン　3本　車　2台　木　2本

女の　人　二人　男の　人　一人

第4課　週末はなにをしますか

4-1　①火曜日　②水曜日　③日曜日　④木曜日　⑤土曜日　⑥金曜日

4-2　①ふつか　②みっか　③よっか　④いつか　⑤むいか　⑥なのか　⑦ようか

⑧ここのか　⑨とおか　⑩じゅうくにち　⑪はつか　⑫にじゅうはちにち

4-3　①見ます／見ません　②聞きます／聞きません　③読みます／読みません

④書きます／書きません　⑤買います／買いません　⑥飲みます／飲みません

4-4　①音楽／聞きます　②本／読みます　③ひらがな／書きます　④ジュース／飲みます

⑤ゲーム／します　⑥Tシャツ／買います　⑦映画／見ます

4-5　①見ます　②飲みません　③食べません　④食べません　⑤作ります　⑥読みます

4-6　①音楽／聞きます　②映画／見ます　③ゲーム／します　④レポート／書きます

⑤宿題／します　⑥サッカー／します

4-7　①図書室で　本を　読みます。　②うちで　料理を　作ります。
③公園で　お花見を　します。　④会社で　仕事を　します。
⑤コンビニで　お弁当を　買います。　⑥郵便局で　荷物を　送ります。
⑦カフェで　コーヒーを　飲みます。

4-8　①会社／で　②コンビニ／で　③学校／で　④うち／で
⑤スーパー／で　⑥ドラッグストア／で　⑦ショッピングモール／で

4-9　①一人／で　②友達／と　③やまださん／と　④家族／と　⑤一人／で　⑥友達／と

4-10　①家族／と　②一人／で　③一人／で　④すずきさん／と
⑤先輩／と　⑥お酒／を／飲みません

4-11　①どこ／で　②で／買います　③どこ／で　④で／買います　⑤どこ／で
⑥で／食べます　⑦と／食べます　⑧と／食べますか　⑨一人／で　⑩家族／と

第5課　日本へ行きます

5-1　①へ／行きます　②へ／来ます　③へ／行きます　④へ／行きます
⑤へ／帰ります

5-2　①くがつ　ついたち　②じゅうがつ　とおか　③じゅうがつ　みっか　④くがつ　いつか
⑤くがつ　はつか　⑥くがつ　じゅうににち　⑦じゅうがつ　ここのか
⑧じゅうがつ　にじゅうごにち　⑨くがつ　ようか　⑩くがつ　じゅうくにち

5-4　①アルバイト／を／します
②レポート／を／書きます
③銀座／へ／行きます
④新宿／へ／行きます
⑤映画／を／見ます

5-5　①会社／へ／行きます　②昼ご飯／を／食べます　③銀行／へ／行きます
④やまださん／と／会います　⑤日本語／を／勉強します

5-6　①新幹線／で／福岡／へ　②船／で／韓国（釜山）／へ　③飛行機／で／羽田／へ
④バス／で／新宿／へ

5-7　①飛行機／で／行きます　②船／で／行きます　③船／で／行きます
④電車／で／行きます　⑤飛行機／で／行きます　⑥バス／で／行きます
⑦電車／で／行きます　⑧歩いて／×／行きます

5-8　①９時／３時　②10時／８時　③９時／５時　④９時／４時　⑤11時／２時
⑥11時／11時30分（11時半）

5-9　①７時／に／起きます
②３時半／から／４時半まで／します
③５時／に／帰ります
④８時／から／９時／まで／話します

⑤ 11 時／に／寝ます

5-11 ①7時間 ②5時間 ③2時間 ④10分 ⑤20分 ⑥30分 ⑦45分 ⑧自分の 答え

5-12 ①新幹線／で／1時間半／10,000円 ②バス／で／20分／200円
③この 電車／で／30分／600円 ④地下鉄／で／10分／300円
⑤電車／で／1時間／1,000円 ⑥電車／で／20分／歩いて／×／5分

5-13 ①車／が／欲しいです ②映画／が／見たいです ③カラオケ／が／したいです
④家／が／欲しいです ⑤旅行／が／したいです ⑥お金／が／欲しいです
⑦ゲーム／が／したいです ⑧寝たいです

第6課 私の町は静かです

6-1 ①の／前／に ②の／中／に ③の／横／に ④の／後ろ／に ⑤の／横／に ⑥の／上／に

6-2 ①駅／の／中／に ②コンビニ／の／横／に ③ビル／の／後ろ／に
④駅／の／南口／に ⑤駅／の／北口／に ⑥ビル／の／横／に

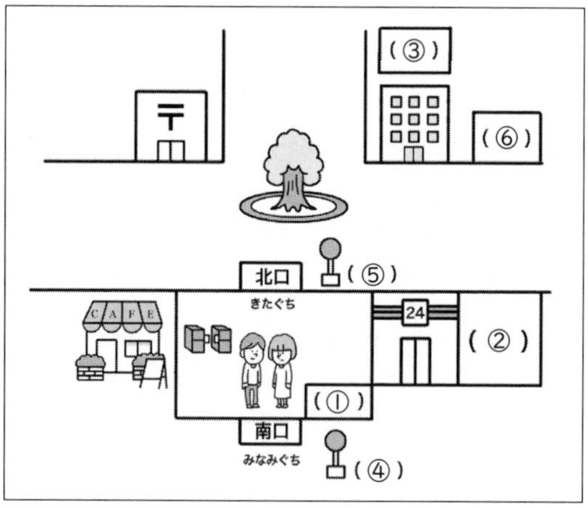

6-3 解答例 ①②有名な／きれいな／高い ③④有名な／きれいな／大きい
⑤⑥有名な／きれいな ⑦おいしい／甘い

6-4 ①静かな ②いい ③おもしろい ④親切な ⑤難しい ⑥元気な

6-5 ①a. 高い b. 安い ②a. 大きい b. 小さい ③a. 古い b. 新しい
④a. 狭い b. 広い ⑤a. きれい b. 汚い ⑥a. 難しい b. 易しい

6-6 ①おいしいです／はい／おいしいです ②安いです／いいえ／安くないです
③大変です／いいえ／大変じゃありません ④広いです／いいえ／広くないです
⑤簡単です／いいえ／簡単じゃありません ⑥忙しいです／はい／忙しいです

6-7 ①は／ビル／が／多いです ②は／給料／が／高いです
③は／休み／が／少ないです ④は／休み／が／多いです
⑤は／寮／が／古いです ⑥は／寮／が／新しいです ⑦は／社員／が／多いです

6-9 ①でも ②でも ③そして ④そして ⑤でも ⑥でも

6-10 ①難(むずか)しいです／そして／多(おお)いです　②大変(たいへん)です／でも／おもしろいです
③優(やさ)しいです／そして／親切(しんせつ)です　④おもしろいです／そして／きれいです
⑤忙(いそが)しいです／でも／楽(たの)しいです

6-11 ①新(あたら)しいです／古(ふる)いです　②宿題(しゅくだい)が　多(おお)いです／宿題(しゅくだい)が　少(すく)ないです
③テストが　少(すく)ないです／毎日(まいにち)　テストが　あります
④教室(きょうしつ)が　狭(せま)いです／教室(きょうしつ)が　広(ひろ)いです　⑤学生(がくせい)が　少(すく)ないです／学生(がくせい)が　多(おお)いです
⑥先生(せんせい)が　優(やさ)しいです／先生(せんせい)が　厳(きび)しいです

第(だい)7課(か)　お好(この)み焼(や)きを食(た)べました

7-1 ①おととい　友達(ともだち)と　バーベキューを　しました。　②けさ　7時(じ)に　起(お)きました。
③日曜日(にちようび)　カフェで　友達(ともだち)と　会(あ)いました。　④昨日(きのう)　家(いえ)で　ケーキを　作(つく)りました。
⑤先月(せんげつ)　飛行機(ひこうき)で　札幌(さっぽろ)へ　行(い)きました。　⑥先週(せんしゅう)　新(あたら)しい　スマホを　買(か)いました。
⑦おととい　コンビニで　アルバイトを　しました。　⑧けさ　電車(でんしゃ)で　おにぎりを　食(た)べました。

7-2 ①買(か)い物(もの)しました　②会(あ)いませんでした　③行(い)きませんでした　④食(た)べました
⑤見(み)ませんでした／見(み)ました　⑥飲(の)みませんでした／飲(の)みました　⑦見(み)ました

7-3 ①小(ちい)さかったです　②新(あたら)しかったです　③古(ふる)かったです　④静(しず)かでした
⑤雨(あめ)でした　⑥よかったです　⑦有名(ゆうめい)でした　⑧暖(あたた)かかったです
⑨寒(さむ)かったです　⑩にぎやかでした　⑪きれいでした　⑫近(ちか)かったです
⑬遠(とお)かったです　⑭いい　天気(てんき)でした　⑮安(やす)かったです

7-4 ①おいしかったです　②きれいでした　③多(おお)かったです　④よかったです
⑤親切(しんせつ)でした　⑥速(はや)かったです／高(たか)かったです

7-5 ①安(やす)くなかったです　②静(しず)かじゃありませんでした
③親切(しんせつ)じゃありませんでした　④多(おお)くなかったです（少(すく)なかったです）　⑤おいしくなかったです
⑥日本(にほん)の　肉(にく)じゃありませんでした　⑦よくなかったです

7-6 ①先週(せんしゅう)の　試験(しけん)／難(むずか)しかったですか／いいえ／あまり　難(むずか)しくなかったです
②昨日(きのう)の　試験(しけん)の　点(てん)／よかったですか／いいえ／あまり　よくなかったです
③週末(しゅうまつ)／忙(いそが)しかったですか／はい／忙(いそが)しかったです
④引(ひ)っ越(こ)し／大変(たいへん)でしたか／はい／とても　大変(たいへん)でした
⑤昨日(きのう)／休(やす)みでしたか／はい／休(やす)みでした
⑥映画(えいが)／おもしろかったですか／いいえ／あまり　おもしろくなかったです

7-7 ①どうでしたか／とても　簡単(かんたん)でした　②どうでしたか／あまり　おもしろくなかったです
③どうでしたか／とても　辛(から)かったです　④どうでしたか／とても　きれいでした
⑤どうでしたか／あまり　広(ひろ)くなかったです　⑥どうでしたか／あまり　楽(たの)しくなかったです

7-8 ①は／より／寒(さむ)いです　②は／より／辛(から)いです　③は／より／大(おお)きいです　④は／より／古(ふる)いです
⑤は／より／にぎやかです　⑥は／より／高(たか)いです　⑦は／より／有名(ゆうめい)です

7-10 ①休(やす)みましょう　②行(い)きましょう　③乗(の)りましょう　④持(も)っていきましょう

⑤買いましょう　⑥飲みましょう

第8課　お寿司が好きです

8-1　①ゲームを　し　②海へ　行き　③宿題を　し　④食事を　し　⑤映画を　見　⑥コーヒーを　飲み

8-2　①食べませんか／で／食べますか／駅／の／前／に／の／行きましょう

②の／が／あります／見ませんか／どんな／おもしろい／行きましょう

③欲しいです／の／に／行きませんか／の／で／会いましょう

8-5　①音楽／ロック　②映画／アニメ　③スポーツ／テニス　④お酒／ワイン

8-7　①コーヒー／紅茶／コーヒー　②ひらがな／カタカナ／カタカナ

③掃除／洗濯／掃除　④お金／時間／時間　⑤大阪／東京／どちらも／です

⑥漢字／カタカナ／どちらも／じゃありません

8-8　①安い／ステーションホテル／安い　②広い／富士旅館／広い

③古い／富士旅館／古い　④きれい／富士旅館／きれい　⑤いい／自分の意見／いい

8-9

例）寝坊しましたから	帰りましょう。
①　漢字が　わかりませんから	たくさん　食べました。
②　明日は　日曜日ですから	沖縄へ　行きたいです。
③　おいしかったですから	タクシーで　行きましょう。
④　海が　きれいですから	遅刻しました。
⑤　もう　午後６時ですから	会社へ　行きません。
⑥　時間が　ありませんから	ひらがなで　書きます。

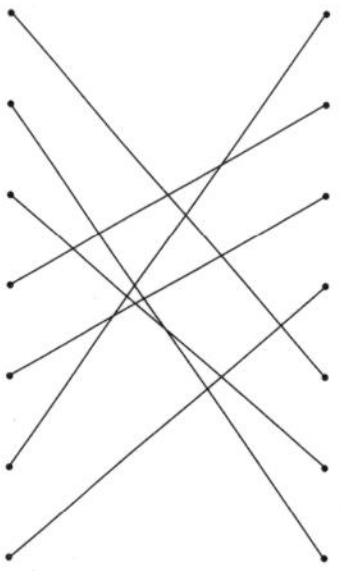

8-10　①英語を　話します　②食べます　③サッカーを　しません

④日本へ　行きます　⑤部屋を　掃除します　⑥天ぷらを　食べます

⑦新幹線　⑧バス　⑨富士旅館　⑩ステーションホテル

8-11　①か／ね／か　②か／ね／ね　③よ／か／よ／ね　④か／ね／か／か

8-12　駅の　中／ワイン／外国語／狭い／6,000円／6,000円／居酒屋

第9課　花火大会がありました

9-1　①なにも　食べませんでした　②どこへも　行きません

③（解答例）コーヒー／ジュース

④どこへも　行きませんでした／デパートへ　行きました

（解答例）新しい　鞄を　買いました

⑤なにも　勉強しませんでした／勉強しませんでした

⑥（自由解答）

9-2　①が／あります／で／ありますか／で／あります

②が／あります／で／ありますか／で／あります

③が／ありました／で／ありましたか／で／ありました

④が／あります／で／ありますか／で／あります

⑤が／ありました／で／ありましたか／で／ありました

⑥から／まで／が／あります／で／ありますか／で／あります

9-3 ①で／4月10日 ②で／5月15日／に ③で／で／8月9日／に ④か／へ／で ⑤に／で

9-4 ①へ／買い／に ②へ／し／に ③へ／お花見／に ④へ／読み／に

⑤へ／し／に ⑥へ／習い／に ⑦へ／食事／に

9-5 ①スキー／に（スキーを し／に） ②かにを 食べ／に ③温泉に 入り／に

④見／に ⑤ダイビング／に ⑥泳ぎ／に

9-6 ①駅前の スーパーで 買い物を します ②時々 します ③全然 飲みません。

④あまり 見ません ⑤図書館で します ⑥6時に 起きます ⑦12時に 寝ます

9-8 ①食べ物／おいしいです／食べました／食べたかったです

②海／きれいです／行きたかったです ③どこか／おんせん／食べたかったです

④よかったです／忙しかったです／行きたかったです

9-9 ①ですか／でしたね ②ですか／でしたね ③ですか／でしたね ④ですか

9-10 ①×／× ②×／○ ③○／×

9-11 ①出身は 広島ですから。 ②新幹線で 帰りました。 ③4時間 かかりました。

④お好み焼きを 食べに 行きました。 ⑤いいえ、食べませんでした。

第10課 ちょっと待ってください

10-2 Ⅰグループ：買います・会います・習います・書きます・行きます・泳ぎます

話します・待ちます・遊びます・飲みます・あります・終わります

休みます・乗ります

Ⅱグループ：食べます・疲れます・寝ます・います・着ます・降ります

Ⅲグループ：コピーします・遅刻します・来ます

10-4 ①買って ②待って ③食べて ④飲んで ⑤いて ⑥急いで ⑦終わって

⑧休んで ⑨コピーして ⑩来て ⑪遊んで ⑫話して ⑬会って ⑭見て ⑮取って

10-5 ①待って ②食べて ③勉強して ④読んで ⑤言って ⑥起きて ⑦話して

⑧来て ⑨飲んで ⑩急いで ⑪見て ⑫帰って ⑬休んで ⑭取って

⑮聞いて ⑯終わって ⑰降りて ⑱履いて

10-6 ①読んで ②書いて ③出して ④教えて ⑤言って ⑥撮って

⑦入って ⑧座って ⑨飲んで

10-7 ①教えて／乗って／降りて ②手伝って／持っていって

③並べて／出して／置いて ④見せて／開けて／行って

10-8 ①食べて ②読んで ③履いて ④撮って ⑤待って ⑥持って ⑦運んで ⑧遊んで

⑨着て　⑩聞いて　⑪切って　⑫して　⑬話して　⑭勉強して　⑮見て　⑯見せて

10-9　①食べています　②飲んでいます　③遊んでいます　④撮っています
⑤作っています　⑥切っています　⑦話しています

10-10　①６歳に　②高く　③安く　④寒く　⑤白く　⑥きれいに

10-11　①近く　②多く　③便利に　④少なく　⑤部長に　⑥忙しく

10-12　①本／で　②ドラマ／で　③アニメ／で　④はし／で　⑤スプーン／で　⑥手／で

10-13　①上手に／作りましたか／食べてください／で／食べてください
②でしたね／待っています／で／見ています／歩いて
③待ってください／書いてください／で／書いてください

第11課　アニメで勉強します

11-1　①読み方　②買い方　③使い方　④作り方　⑤送り方

11-2　①食べ方　②作り方　③使い方　④行き方

11-3　（解答例）
①スーパーへ　行って／買い物を　して　②宿題を　して／テレビを　見て
③やまもとさんの　うちへ　行って／しゃぶしゃぶを　食べて
④昼ご飯を　食べて／銀行へ　行って　⑤お湯を　入れて／３分　待って

11-4　①行って／乗ります／降ります　②乗って／乗り換えて／降ります
③行って／乗ります／降りて／歩いて　④降ります　⑤乗って／あります

11-5　①まつもとさん／に／中国語／を　②お母さん／に／花／を　③先生／に／メール／を
④たにさん／に／傘／を　⑤あおやまさん／に／メッセージ／を
⑥たかぎさん／に／お土産／を　⑦お父さん／に／電話／を

11-6　①お母さん／ケーキ　②やまもとさん／カード／花　③お子さん／おもちゃ
④彼女／指輪　⑤お父さん／かけました／カード

11-8　①あった　②まって　③とった　④よんで　⑤あそんだ　⑥しんで　⑦かいた
⑧いそいで　⑨はなした　⑩いって　⑪たべた　⑫ねた　⑬みて　⑭いて
⑮きた　⑯した　⑰べんきょうした

11-9　①撮った／歌った　②食べた／飲んだ　③会った／帰った
④かついだ／踊った　⑤食べた／見た（見に行った）

11-11　①か／よね　②ね／ね／ね／よね　③ね／か／ね／よね　④ね／か／か／ね／よね／よね

11-12　①山梨の　ケアセンターで　仕事を　しています。　②マレーシアに　住んでいます。
③コンピューターの　会社で　仕事を　しています。　④二人です。

第12課　日本語を話すことができます

12-2　①歌う　②食べる　③弾く　④起きる　⑤乗る　⑥使う　⑦見る　⑧買う

⑨来る　⑩予約する　⑪借りる　⑫払う　⑬話す　⑭行く

12-3　①読む　②作る　③泳ぐ　④弾く　⑤歌う　⑥食べる

12-4

①大きい／料理／作る　②髪が　長い／上手です／弾く　③背が　高い／字／書く

④スポーツ／泳ぐ／自転車／走る

12-5　①借りる／借りる　②勉強する／勉強する　③払う　④買う　⑤送る

⑥見る／３月／見る　⑦見る／４月／見る

12-6　①駐車場　②明日まで　③できました　④できました

12-7　① 10年まえに　できました。　②学校が　できましたから。　③来年　できます。

12-8　①車の　運転　②できません　③できます　④できます

12-12　①こやまさんは　頭が　よくて、おもしろいです

②たいちくんは　６歳で、小学生です

③この　料理は　安くて、おいしいです

④桜の　花は　きれいで、有名です

12-15　（解答例）

①スキーを　したり、温泉に　入ったり　することが　できます。

夏は　緑が　多くて　涼しい　ところです。

②おいしい　料理が　たくさん　あります。

はい、近いです。

③お城や　きれいな　庭を　見ることが　できます。

おいしい　お寿司を　食べることが　できます。

第(だい)13課(か)　高校(こうこう)を卒業(そつぎょう)してから、日本(にほん)へ来(き)ました

13-1　①勉強(べんきょう)して　②卒業(そつぎょう)して　④磨(みが)いて　⑤ラインして　⑥選(えら)んで　⑧浴(あ)びて
⑨読(よ)んで　⑩飲(の)んで

13-3　①買(か)って　②押(お)して　③買(か)う　④借(か)りる　⑤入(はい)る　⑥入(はい)って　⑦脱(ぬ)いで　⑧入(はい)る　⑨洗(あら)って

13-4　①わたなべさん／に／ピアノ／を
②はせがわさん／に／メッセージ／を
③うえださん／に／傘(かさ)／を
④フランクさん／に／英語(えいご)／を
⑤エファさん／に／ノート／を
⑥お母(かあ)さん／に／プレゼント／を
⑦お父(とう)さん／に／お金(かね)／を

13-5　①借(か)りました　②もらいました　③借(か)りました　④習(なら)います

13-6　①は／が／は　②は／が／は　③は／が／は　④は／が／は　⑤は／が／は　⑥は／が／は

13-7　①日本(にほん)の　料理(りょうり)は　おいしいですか
寿司(すし)は　おいしいです／納豆(なっとう)は　おいしくないです
②外国語(がいこくご)が　できますか
英語(えいご)は　できます／フランス語(ご)は　できません
③スポーツは　好(す)きですか
野球(やきゅう)は　好(す)きです／サッカーは　あまり　好(す)きじゃありません
④日本語(にほんご)の　勉強(べんきょう)は　難(むずか)しいですか
漢字(かんじ)は　難(むずか)しいです／会話(かいわ)は　難(むずか)しくないです

13-8　①読(よ)みました　②食(た)べていません　③慣(な)れました　④申(もう)し込(こ)んでいません　⑤もらっていません

13-9　①準備(じゅんび)しました　②集(あつ)めていません　③買(か)っていません
④決(き)めました　⑤注文(ちゅうもん)していません　⑥連絡(れんらく)しました

13-10　①○　②×　③×　④○

第(だい)14課(か)　早(はや)く帰(かえ)ったほうがいいですよ

14-2　①待(ま)たない　②食(た)べない　③飲(の)まない　④いない　⑤急(いそ)がない　⑥終(お)わらない　⑦休(やす)まない
⑧コピーしない　⑨来(こ)ない　⑩遊(あそ)ばない　⑪寝(ね)ない　⑫会(あ)わない　⑬見(み)ない　⑭取(と)らない

14-3　①入(はい)らない　②止(と)めない　③撮(と)らない　④走(はし)らない　⑤使(つか)わない　⑥入(はい)らない　⑦開(あ)けない
⑧出(だ)さない　⑨遅(おく)れない　⑩話(はな)さない　⑪なくさない　⑫押(お)さない

14-4　①食(た)べない　②吸(す)わない　③見(み)ない　④浴(あ)びない　⑤行(い)かない

14-5　①行(い)った　②寝(ね)た　③休(やす)んだ
①話(はな)した　②手伝(てつだ)った　③帰(かえ)った　④買(か)っていった

14-6　①急(いそ)いだ　②地下鉄(ちかてつ)／行(い)った　③電話(でんわ)を　した

④持(も)っていった（買(か)った／買(か)っていった） ⑤クッキー／買(か)った

14-7 ①知(し)りません ②知(し)りません ③知(し)っています ④知(し)りません ⑤知(し)っています

⑥知(し)っています ⑦知(し)りません

14-8 ①さんま／魚(さかな) ②東大寺(とうだいじ)／お寺(てら) ③肉(にく)じゃが／料理(りょうり) ④阿蘇山(あそさん)／山(やま)

⑤アルク／会社(かいしゃ) ⑥甘酒(あまざけ)／飲(の)み物(もの) ⑦びわ／果物(くだもの)

14-9 ①すてきな　カフェ／シャルレ／シャルレ ②サービスが　いい　ホテル／トップホテル

③おもしろい　店(みせ)／ダイヤモンド ④有名(ゆうめい)な　お土産(みやげ)／雷(かみなり)おこし ⑤おいしい　お酒(さけ)／みやこ

14-10 ①○ ②× ③× ④○ ⑤×

第(だい)15課(か)　病気(びょうき)だそうです

15-2 ①急(いそ)ぐ ②わからない ③降(お)りた ④来(こ)なかった ⑤借(か)りた ⑥ない

⑦掃除(そうじ)する ⑧話(はな)さなかった ⑨うれしかった ⑩静(しず)かだ ⑪暇(ひま)じゃない ⑫親切(しんせつ)だった

⑬行(い)かないほうが　いい ⑭書(か)くことが　できる ⑮食(た)べている

15-3 （解答例(かいとうれい)）

①（やまださんに）もらった／甘(あま)い／日本(にほん)の

②（インターネットで）買(か)った／イタリアの／おいしい

③（子供(こども)のとき）遊(あそ)んだ／静(しず)かな／広(ひろ)い

④　父(ちち)と母(はは)の／とても　大(おお)きい／父(ちち)が　いつも　散歩(さんぽ)している

⑤（英語(えいご)の授業(じゅぎょう)で）歌(うた)った／映画(えいが)の／有名(ゆうめい)な

⑥（高校(こうこう)のとき）習(なら)った／親切(しんせつ)な／英語(えいご)の

15-4 ①帽子(ぼうし)を　かぶっている ②ネクタイを　している ③スーツを　着(き)ている

④スカーフを　かぶっている ⑤スカートを　履(は)いている ⑥サングラスを　かけている

15-5 （解答例(かいとうれい)） ①住(す)んでいる ②タイで　買(か)った ③ご主人(しゅじん)が　作(つく)った ④ある ⑤習(なら)った ⑥買(か)った

15-6 ①一日中(いちにちじゅう)　雨(あめ)だ ②風(かぜ)が　強(つよ)い ③くもりだ ④午後(ごご)から　雨(あめ)が　降(ふ)る ⑤晴(は)れだ／いい

15-7 ①ではありません ②休(やす)んだほうが　いいです ③飲(の)まないほうが　いいです ④ありません

⑤はやっています ⑥必要(ひつよう)ありません ⑦します

15-8 ①ではない ②休(やす)んだほうが　いい ③飲(の)まないほうが　いい ④ない

⑤はやっている ⑥必要(ひつよう)ない ⑦する

15-9 ①難(むずか)しい／易(やさ)しい ②高(たか)い ③きれい ④冷(つめ)たい ⑤気持(きも)ちが　悪(わる)い ⑥大変(たいへん)

15-10 ①写真(しゃしん)を　撮(と)り／疲(つか)れました

②人気(にんき)が　ある／おもしろくなかった

15-11 （解答例(かいとうれい)）

①プレゼントを　持(も)っている

② 20 分(ぷん)ぐらい　待(ま)っている

③いいえ、学生(がくせい)じゃない

④はい、中国語(ちゅうごくご)が　できる

⑤家へ　帰る

⑥はい、とても　上手だ

15-12 （解答例）①にぎやかに　なる　②便利に　なる　③今より　高く　なる　④少なく　なる

15-13 ①きれいだ／おもしろくない　②必要だ／必要じゃない　③ある／必要だ

④勉強したほうが　いい／大切だ　⑤大変だ／練習できる